英語で生き残れ

私はなぜアメリカ企業で通用したのか

西崎　和子　著

はじめに Preface

私は二〇〇一年一月に帰国し、今は日本企業に勤務しています。アメリカのモトローラに勤務した九年間は、バブルがはじけたまま変われない日本を見つめ続けた時間でもありました。仕事上も生活の上での物事の考え方も、国籍すらも「アメリカ人」になりながら日本で働くことを選んで、再び、「change」のための挑戦をしています。

ただただ夢中で走ってきましたが、五十歳を過ぎて、もう少し自分に優しく生きてもよいのでは、と思いはじめています。

新しい職場は、ソニーセミコンダクタネットワークカンパニーです。世界的な大企業ですが、私の知っているアメリカの企業とは、根本的に異なる組織であることをしみじみと感じています。

組織が変われば人も変わる。人生の節目々々で変化するための努力を続けて、現在の私があります。仕事を通して、またこの本を通して、私が実感した「変わることの大切さ」を伝えられたらと思っています。

私が変われた最大の理由は、「英語で考える」ということを教えてくれた主人がいたからなのです。彼によって「英語で考える」方法に出会い、言葉は表現手段であるのと同時に、人格の形成に大きな影響を与えることに気づきました。さらに私自身が英語で自分の全人格を表現する機会を得て、障壁は言葉そのものではなく、「思考プロセスのちがい」であるとの思いを深めました。

壁こそは「変わる」ためのチャンス。克服が困難であればあるほど、乗り越えたときには自分の可能性が広がっていると、私は確信しています。

この本を、英語を身につけて海外へ飛び出す方、私のように自分自身を見つめ直したい若い女性に贈ります。

カズコ　ニシザキ

USA

CANADA
WASHINGTON
MONTANA
NORTH DAKOTA
MINNESOTA
MAINE
OREGON
VERMONT
NEW HAMPSHIRE
IDAHO
SOUTH DAKOTA
WISCONSIN
NEW YORK
MASSACHUSETTS
WYOMING
MICHIGAN
RHODE ISLAND
CONNECTICUT
IOWA
Chicago
New York
NEBRASKA
PENNSYLVANIA
NEVADA
NEW JERSEY
UTAH
OHIO
MARYLAND
INDIANA
ILLINOIS
COLORADO
Washington D.C.
DELAWARE
CALIFORNIA
WEST VIRGINIA
KANSAS
MISSOURI
VIRGINIA
KENTUCKY
NORTH CAROLINA
TENNESSEE
OKLAHOMA
SOUTH CAROLINA
ARKANSAS
ARIZONA
Atlanta
NEW MEXICO
ALABAMA
GEORGIA
MISSISSIPPI
TEXAS
LOUISIANA
Austin
FLORIDA
Fort Lauderdale
MEXICO
Miami
BAHAMAS
CUBA
45°
40°
35°
30°
25°
20°N
0
500
1000
km
115° W
110°
105°
100°
95°
90°
85°
80°
75°

■目　次

編集協力●株式会社広真アド
イラスト●伊藤園子

プロローグ

How well you can speak English is one thing. What you can do by using the English language as a means of communication is another.

英語力 Communication ability in English

「アメリカ企業で働いているの？　どんな仕事？　女性一人で異国の地とはえらいねぇ」

寿司カウンターの向こうから、いきなり日本語で質問された。一人でカウンターにすわり、にぎりを注文する私が珍しかったらしい。ここはジョージア州*アトランタ市郊外のローリンズビルにある日本料理店『四季』。おもに日本企業の駐在員が日本から来たお客や、同僚たちと来る店だ。ビジネスがあるだけで、観光客が来るような場所ではない。

「*モトローラに勤めています。フロリダから来たんですけど、向こうにはほとんど日本人が住んでいなかったので、おいしい日本料理のお店がなくて……。ここはおいしいわ。また来ますね」

結局、アトランタにいるあいだ、一ヶ月に一度は顔を出すことになった。そのたびに、私が判で押したように、「*プエルトリコやマレーシアなどの外国から帰ってきたばかりで「やっぱり和食が一番ね」と言うのを聞いて、ますます仕事が何か不思議に思ったようだ。

「品質管理のマネージャーですよ」

「ずいぶん出張が多いねぇ。日本人はモトローラに何人ぐらいいるの?」

「あら、私一人よ。二年程前に東京からフロリダに転勤になって、今度事業部ごとこちらに移ってきたんですよ」

「へぇ、日本から? 英語はどうやって話せるようになったの?」

「主人から習ったんですよ」

「ご主人は、アメリカ人?」

「いいえ、純粋な日本人なんですけどね」

「じゃあ、ご主人はアメリカで勉強したの?」

「いいえ、日本で。それも独学でマスターしたの」

『四季』の主人は、ますます驚いた。

「私もアメリカに住んで二十年になるが、あんたのような女性を見たのははじめてだ。気に入った。和食が恋しくなったら、いつでもおいで。特別にうまいものをつくってやるよ」

この主人が言うには、アメリカで仕事をしている日本人ビジネスマンはたくさんいるが、彼らのほとんどが日本企業のアメリカ駐在員。本当の意味で、アメリカ企業で仕事をしている日本人とは出会ったことがないというのだ。しかも、「アメリカ人にちゃんとニュアンスまで伝わる」英語の話せる日本人は、帰国子女や留学など英語圏での生活経験のある人が圧倒的に多いのだそうだ。

――私たちはすっかり意気投合し、アトランタの生活の楽しみの一つが増えた。のちにシカゴ本社に栄転が決まったとき、主人が心から別れを惜しんでくれたのは言うまでもない。

アメリカで仕事をしながら、最初の五年間は、月のうち、半分は出張というペースだった。ヨーロッパやアジアにも工場があり、どこへ行っても公用語は「英語」（その国流の、というただし書きがつくが）。そのあいだ、出身を問われたことはない。みんな、私のことを日系アメリカ人にちがいない、と信じて疑わなかったのである。

しかし、実のところ、日本モトローラ時代に受けた*ＴＯＥＩＣの点数は八〇〇点ちょっと。外語大を卒業したばかりの新入社員の中には九〇〇点以上取るツワモノもいたから、

「え、西崎さんはその程度？」

と意外な顔をされてしまった。たぶん私の英語力は、自分の仕事をするために必要十分なだけなのだ。

英語ができなくても仕事はできるか、と言えば答えはノー。反対に、英語ができれば仕事はできるか、と言えば、これまたノーである。

たとえばスポーツやアートの分野の人であれば、アメリカで活動する場合でもそれほどの英語力は問われない。イチローや野茂が英語を話さなくても、彼らはプレーで十分観客を魅了する。彼らの仕事にとって「英語力」は重要ではないのだ。しかし、いわゆ

るビジネスマンの場合、ある程度の英語力は当然必要になってくる。ただ、「英語ができるから、英語を使った仕事をする」という考え方は腑に落ちない。

まず仕事がある。伝えたい、話したいことがある。そのための言葉であるはずだ。

そして仕事のための英語は、TOEICの点数のよしあしとは別の次元にある。TOEICの点数は受験勉強で上げることができるが、仕事のための英語はその仕事自体を覚えることでしか身につけることができない。私がそのいい例である。通訳として日本モトローラに入社したが、ビジネスにも品質管理にもまったくのしろうとであるために、肝心の英語も役に立たなかった。この壁は品質管理を学ぶことで乗り越えた。一人前の通訳ができるようになる頃には品質管理についてもプロになっていて、結局その方面で身を立てることになったのである。

まして、誰もが英語を話すアメリカに来てしまえば英語は武器でさえない。

私にとって英語は、アメリカへ、世界へと通じるドアを開けるためのキーにすぎなかったのである。

アトランタAtlanta

ジョージア州北西部にある同州の州都。アパラチア山脈南西端の山麓（さんろく）部に位置し、合衆国南東部の商業、金融、交通の中心地。アメリカの大企業の八割以上が、アトランタに出先機関を置いている。

モトローラ　MOTOROLA

コンピュータのCPU製造なども含めて、総合的な通信ソリューションと組み込み用エレクトロニクスソリューションを提供している世界的な企業。

プエルトリコ　Puerto Rico

フロリダ州マイアミの南東約一六〇〇キロの海上に位置するアメリカ自治領。首都はサン・ファアン。スペイン語を話し、アメリカへの移民が多い。

TOEIC

「Test of English for International Communication Test of English for International Communication」の略称で、国際コミュニケーション英語能力テストのこと。結果は合否ではなく、十点から九九〇点までのスコアで出てくる。企業では昇進の条件になることもある。

第1章

アメリカへ、単身赴任

オファー

不安

就職活動

面接

通訳という仕事

品質管理

昇進——「出る杭」になる

レジェンド

"What is the process for obtaining a permanent visa (green card)?"

"You need to work here at least one year. Then you can ask your boss to write a letter to the company legal office. They will help you process your permanent visa application."

オファー　Offer

日本モトローラに入社して四年半。アメリカ本社からオファーがあった。

課長に昇進して三年、私は社内のＴＱＣ（Total Quality Control＝全社的品質管理）を実質的に取り仕切ってきた。とくに、アメリカ側との対応は日本モトローラを代表しておこなってきたといってもいい。その実績が認められて、フロリダ郊外にあるエナジープロダクト事業本部（主として携帯電話や無線機のバッテリーなどを生産している部門）でＴＱＣをやってほしいというのである。条件は、品質管理部長のポジションと最低三年間の身分保証。

日本モトローラにはアメリカモトローラとのあいだにエクスチェンジ・プログラムがあり、私のまわりでもすでに何人かが派遣されていた。私自身、ＴＱＣ課長として年に四回以上はアメリカに出張していたから、アメリカの企業に勤めて、いつかはアメリカ本社で仕事をしてみたいという希望もなかったと言ってはうそになる。

しかし、実際に打診されたときにはさすがに驚いた。すぐに「イエス」とは答えられなかった。

「主人に聞いてみます」

というのが私の返事だったと思う。およそ自立した女性らしからぬ、と言われそうだが、そのときは心底そういう気持ちだった。もっとも、家族を第一に考えるアメリカではみんなそう答えるというのをあとで聞いた。

アメリカへ行くとなれば、もちろん単身赴任ということになる。それまで夫婦のあいだでそのような話題が出たことはなかったので、夫が何と言うか、さすがに予想もつかなかった。

しかし、それは杞憂だった。その日の夜、事情を話し終わるやいなや、彼は、

「そりゃ、オファーがあったなら行かなきゃ」

と、賛成してくれた。

「だめだったら帰ってくればいいんだから」

とも言ってくれた。

妻がいなくなるのがそんなにうれしいの、とひがみたくなるくらい、かんたんに承諾してくれたのである。

もちろん、私の努力が認められたことを素直に喜んでくれていたにはちがいない。が、彼にはもう一つ、歓迎すべき理由があった。

英語の道を志し、二十七歳でアメリカの地をはじめて踏んで以来、彼の夢は一貫して「アメリカに住む」ことだったのだ。英語を勉強しはじめてすぐに、彼は自分にボブというニックネームをつけた。本名の「モトノブ」を縮めれば「モブ」だが、これはギャング団の意味だから具合が悪いというので「ボブ」とした。彼の成人してからの愛称である。以来、生粋の日本人でありながら、ずっと「ボブ西崎」と名乗っている。

私にはじめて会ったときも、「ボブと呼んでくれ」と言った。彼に会ったことがない友人たちは、私がアメリカ人と結婚したと思う人もいるくらいだ。

「ねえ、行くのはあなたじゃなくて私なんだけど」

「僕もしょっちゅう行くよ」

ボブは本気だった。

不安 Anxiety

「この際*グリーンカードも*アメリカ国籍も取ろうよ」

私へのオファーをきっかけに、ボブは真剣にアメリカへの移住計画を練りはじめた。彼の熱中ぶりをよそ目に、私は迷っていた。一番の不安は、仕事で本当に成功できるだろうかということだった。私の人生にとって、これほど胸の高鳴るチャンスがめぐってくることなど二度とないだろう。今こそ、翔ぶべきなのだ。わかってはいても、未知への挑戦には勇気がいる。アメリカというだけでうれしそうなボブとはちがい、私は仕事をするためにアメリカに行くのである。希望よりも不安が先に立っていた。

知り合いもいないアメリカで、はたして東洋人の私をアメリカ企業は受け入れてくれるだろうか。

アメリカ人を部下にもって、うまくマネジメントできるだろうか。

アメリカでも犯罪発生率がとくに高いフロリダで、たった一人で無事に生活することができるだろうか。

なにより、期待されている成果をあげる能力が自分にあるのか……。

心配の種はつきない。ボブの喜びようさえ腹が立ってくる。

いよいよアメリカに発つという日まですっきりすることはなかったが、それでも手続きや準備が進むにつれ、だんだんと腹がすわってきた。考えてみれば大阪から東京に出てきたときもたった一人。日本モトローラに入ったときもゼロからの出発。ちがうのは、今度の新天地は広い広い海の向こうにある、ということだけ。それだけ未知の部分は多いが、夢も大きいはずだ。

アメリカ人の上司は、

「日本モトローラにいては、井の中の蛙。アメリカで働くことは、大平洋を自由に泳ぎ回ることだ」

と、私を励ましてくれた。

機上からロッキー山脈を見下ろしながら、ようやく本当の覚悟が決まった。

就職活動 Landing a job

さて、アメリカ単身赴任と言えばバリバリのキャリアウーマンの話のようだが、実は日本モトローラに入るまで、私はほとんど企業で働いた経験がなかったのである。

高校を卒業してすぐに半官半民の団体に一年。その後上京して都立の専門学校に通い、夜は身体障害者施設で夜勤介護の仕事についた。卒業後は大学の夜間部に入り、昼間は保母として通算五年間働いた。その後は、ずっと夫の経営する英会話学校で教務を担当してきた。そんな私がなぜ日本モトローラに入社することになったのか。

子供たちと主婦に英語を教えて十年、私は三十七歳になっていた。多いときは二五〇人を超える生徒を集め、仕事は順調だった。

しかし、子供たちが受験を迎える頃、両親の態度が変わってきた。

親たちが固執していたのは、受験勉強と英会話は別だという誤った考えである。それまで、ボブの提唱するＴＩＥメソッド（方法）は素晴らしいと賞賛し、わが子の英語力の伸びに目をみはっていたにもかかわらず、高校受験や大学受験が近づくとやめさせてしまう。他の習い事と同じように、受験期になると一人また一人と櫛の歯が抜けるようにやめていくのが通例になっていった。

子供たちの平均通学期間は五年。小学校低学年から手塩にかけ、採算を度外視して教えた子供たちが、いい形で伸びてきたとたんにやめていく――学校英語に挑戦し、本当の英語を教えてきただけに、私も夫も深い挫折感に打ちのめされた。

「今まで人を教えるために費やしてきた時間を〝自分自身〟のために使っていたらどうなっていただろう。教えるより自分自身が努力をして、どれだけのことができるのか試してみたい」

そんな気持ちが募った。彼には悪いと思ったが、ある日、意を決して告げた。

「教えるのを辞めたいの」

「僕はあきらめないよ。でも、君は自分の思うとおりにやればいいよ」

じっくり話を聞いて、こう言ってくれた。生徒にとっても、私にとっても、彼は本当の「先生」だった。

こうして仕事探しがはじまった。

当然、四十歳間近の年齢でほとんど社会経験のない私の就職活動がかんたんなわけはない。新聞の求人広告をなめるようにして読み、年齢制限のない求人を見つけては面接に行く。そして落ちる。面接でおだてられ、今度はきっと採用されるだろうと待っていると、また落ちる。そのくり返し。書類審査ならともかく、面接で落とされるというのは気分のいいものではない。人格を否定されているようで、ひどく落ち込んでしまう。

こんな状態が半年も続いただろうか。もはや仕事を選ぶ心境ではなく、時給がいいというだけの理由でテレフォンアポインターの仕事に飛びついた。そのときのスポンサーが「地獄の特訓」で有名な『ハイスピード英会話』だったのだから、不思議な縁である。そのうちに英語力を買われてパート講師にスカウトされてしまった。英語を教えるのは気が進まなかったが、その時点では他にいい仕事があるとも思えなかった。離れたつもりが、また英語の世界に戻ってきてしまったのだ。

「通訳として日本モトローラに来ませんか」

私が『ハイスピード英会話』で早朝レッスンを担当していたビジネスマンの木村さんから、突然電話をもらった。とある専門学校で英会話講師として、もうすぐ正式に雇用契約を結ぼうかという段階まで話が進んでいたときである。

「はあ？　モトローラって……？」

私はモトローラという会社について何も知らなかった。規模も業務内容どころか名前すら聞いたことがなかった。

実は木村さんは、長年関西のある大企業の事業本部長を務め、最近モトローラにヘッドハンティングされた方だったのだ。半導体・電子機器大手のモトローラ社の日本法人である日本モトローラは、当時TQC推進本部という新しい部を作り、彼を本部長にすえて、全社的なTQCを展開をしようとしていた。彼は、前の会社を*デミング賞受賞に導いた功労者だったのである。

「仕事上のどんなサポートも惜しまない」という条件を提示したモトローラに対して、木村さんは通訳をつけてほしいと申し出た。その際、たまたま英語のレッスンをした私を思い出してくれたらしい。こちらは木村さんがヘッドハントされるような人物であることなどまったく知らなかった。もっとも聞いたところで、本部長という地位がどのくらいえらいのか、その頃の私には見当もつかなかっただろう。

「今さら専任講師の口を断れないのに、困っちゃったわ」

しぶる私に、

「アメリカでは有名な会社だよ。チャレンジしてみる価値はあるよ」

と熱心にボブが勧めるので、とにかく面接だけでも行ってみることにした。

今思えば、あのときが私の人生の第二幕の幕開けだったのである。一九八八年一月のことだ。

面接 Job interview

面接は広尾にある日本モトローラの本社ビルでおこなわれた。立派なビルやさっそうとしたビジネスマンの群れにすっかり気おされながらも、人事本部長との一次面接はことなく終わった。翌週、英語のテストを受けるために再び出向くと、あろうことか面接官であるアメリカ人役員が出張してしまったため、来週に延期してほしいという。

こちらは契約寸前の話を専門学校の事務長の顔を潰してまで、延々と待ってもらっているのだ。私は意を決して、人事本部長に言った。

「とにかく、今日、面接してもらわないと困るんです！」

——結局、その日会社にいた唯一のアメリカ人が私のテストをしてくれることになった。そのアメリカ人とは、なんとヤンツ社長だったのである！

多忙な社長との面接は、もちろん、あっという間に終わった。

「二、三日のうちに結果をお知らせします」

私としては、それでは困るのだ。必死だった。

「I am a Christian. I believe there must be some good reason why I am here today to meet you. I also believe I can make a good contribution to your company by assisting Kimura-san. この場で合否を決めてください」

社長は驚いたようだった。

しかし、一瞬ののち、

「I think so. Since Kimura-san brought you here, you must be a very capable woman. けっこうです。採用いたしましょう。木村さんが探してきた人です。大丈夫でしょう」

と言ってくれた。

あとになって、社長にこう言われた。

「カズコは最初からアメリカ人みたいだったね」

その話を聞いてボブいわく、

「それが『英語で考える』ということなのさ」

通訳という仕事 Administrative assistant

日本モトローラに採用された私は、面接の翌週から木村本部長の通訳として働くことになった。肩書きは「ＴＱＣ推進本部*アドミニストラティブ・アシスタント」。

本部長の通訳として働く――それは、入社したその日から本社ビルのトップフロアに出勤し、本部長と行動をともにして、社長をはじめとするアメリカ人役員たちとの話し合いに同席するということを意味する。就職経験のない私は、それがどれほど緊張を強いられることかなどとは考えてもみなかったし、いわゆる「外資系企業」への偏見もなかった。むしろ、不安はべつのところにあった。

十年間、夫が経営する英会話教室の教務担当として自由にやってきた。そんな私が大きな組織の中で本当にうまくやっていけるのだろうか。

実際に就職してみると、心配していたとおり、仕事以前の問題が見えてきた——企業人としての常識（？）の欠如、である。

たとえば「長靴事件」。

入社して間もない二月のある大雪の日、私は長靴をはいて出勤した。雪は午前中にやんで、退社する頃には道路はぬかるんでドロドロの状態。トップフロアから下界を見下ろして、「やっぱり長靴をはいてきたのは正解だったわ」と考えていると、本部長がそっと近づいてきて、笑いをかみころしながら、

「西崎さん、長靴はちょっとまずいと思いますよ」

と言うではないか。

私の職場は社長や役員がオフィスを構え、来客の絶えないトップフロアである。それなのに私ときたらまったくおかまいなく、長靴をズコズコ引きずって歩いていたのだ！

通訳としての仕事も、すぐに壁にぶち当たった。なにしろ私はビジネスの一般常識も会社の機構もろくに知らないのだ。もちろんＴＱＣの専門知識などあるわけがない。にもかかわらず、トップたちの会話は専門用語だらけなのである。

ある工場の視察に同行したときのこと。

何百人もの従業員を前にして社長のスピーチを訳すように言われた。

満場がシーンと静まりかえる。

数秒後、

「訳せません」

私の小さな声が会場に響いた。情けなくて、恥ずかしくて、涙が出てきそうだった。しかし、大勢の前で、まったく自分の理解できない内容を訳すことなど、私にはとてもできなかった。結局、代わりに工場長が訳してくれた。不遜にも、「なんだ、これくらいだったら私にも言えたのに」などと思ったくらい、やさしい英語だったのだが。

帰りの車の中で、木村本部長は言った。

「西崎さんって正直だね。……ふつう、嘘でも何か言うのにね」

そのときは自分のことで頭がいっぱいだったが、この失態は上司である本部長にとんでもない恥をかかせたはずである。解雇されても文句の言えないことをしでかしたと思う。しかし、彼は叱責はおろか失望の色をあらわすことすらしなかった。私のあまりの不器用さに半ばあきれ、半ば感心したようにほほえんでいただけだった。

次の日、フロアでヤンツ社長に出会った。恐縮する私に、彼は笑顔で言葉をかけてくれた。

「気にしないで。仕事がわかるようになれば大丈夫です。それに、誰が私のスピーチを訳してくれようと、そのよしあしは私には判断できませんからね」

形こそちがうが、この二人の励ましがなければ今の私はないと思う。

品質管理　Total Quality Control

そんなことが続いてすっかり自信をなくし、半月もしないうちに泣き言を言った。

「私にはできない。もう辞めたい」

ボブはこともなげに、

「内容がわからないことは訳せっこないよ」

そんなのあたりまえじゃないか、と言う。――このアドバイスで目からウロコが落ちた。ヤンツ社長の言葉の意味も理解できた。

どんなに経験豊富なビジネスマンであっても、まったくちがう業種のトップ間の会話が理解できるものかどうか。私が訳せないのは日本語か英語かという問題ではない。TQCについて無知なためである。いい通訳になろうと思ったら、TQCについて一から勉強するしかないのだ。そんなふうに考えること自体、かなり無謀なことなのかもしれなかった。が、そこは思い込んだら一直線、世間知らずの強みである。幸いなことに本部長は大いに理解を示してくれ、ことあるごとに仕事の内容を説明してくれるようになった。

製造業に携わる人にとっては当たり前の概念になっているＴＱＣ（全社的品質管理）とは、文字どおり「会社全体」の「品質管理」のこと。品質管理といえば一般に「工場に不良品を出さないように努力すること」とイメージされやすいが、それはＴＱＣの要素の一つにすぎない。「日本流ＴＱＣ」とは、マーケティングや営業部門による顧客ニーズの把握、開発・設計部門による製品の企画・設計そして生産部門における生産工程・出荷・物流システムなど、あらゆる業務プロセスを結びつけて全体最適をめざす活動である。

ＴＱＣとはアメリカのデミング博士が提唱し、その後、アメリカや日本の学者を中心に統計学を駆使してさらに発展したもので、「日本流ＴＱＣ」は日本の製造業を強化するために生まれた考え方と手法である。

さらに本部長は、会社からの派遣という形で統計学のセミナーにも通わせてくれた。そこでは基本概念や知識を徹底的に叩き込まれた。

通産省（当時）所管の財団法人・日本科学技術連盟が主催するこのセミナーは、業界ではかなり権威のあるものとして知られている。修了すると転職などもかなり有利になるらしい。名だたる大手企業の現役エンジニアが顔をそろえる中で、いないのはトヨタの社員だけである。私は知らなかったが、日本で最初にＴＱＣを取り入れたのがトヨタで、社内に自前の研修機関があるのだそうだ。

ともあれ、私は女性初の受講者になった。

エンジニアでもなく、理系の大学を出たわけでもない私にとって、週二回、平日の九時から五時までの講義はまったくのチンプンカンプン。自宅で朝までかかってなんとか理解しようと努力を試み、さらに、毎回課される宿題に土日のすべてを費やす。それをなんとか仕上げたと思うと、次のセミナーの日がやってくる。修了するまでの半年間、さすがの私も、講義の日になるとストレス性の下痢と吐き気に襲われた。

ＴＱＣを勉強したいとは確かに言ったが、はたしてこれほどまでにやる必要があるのか——正直言って何度もそう思った。しかし今になって思えば、あの半年こそが、私と「品質管理」との出会いだったのだ。

自主研究にしても、受講したエンジニアたちの研究テーマは設計と工場の工程改善に関するものがほとんどだった。優秀なエンジニアとはり合うつもりなど毛頭なかったので、「TQCの会社における浸透度」を統計的に分析する、などという、あえて彼らが手をつけない分野のテーマを選んだ。ところが意外にも、

「これからは市場調査に統計学の手法がもっともっと取り入れられる時代になる。定性的な情報を統計手法を用いて分析することは大切で、このようなテーマを選んだ人はいなかった。おもしろいよ」

と、担当の広瀬先生におほめの言葉まで頂戴してしまった。実際、コース修了当時には、「イノベイティブなテーマ」だったものが、現在では顧客満足度調査などで広く使われるポピュラーな手法になっている。なんでもやってみるものである。

昇進――「出る杭」になる　A sticking out stake

品質管理の基礎をみっちりと仕込まれるうちに、木村本部長の通訳としての腕は格段に進歩し、確実に貢献できるようになっていった。

「自分が言いたいことがきちっと伝わる」

「ニュアンスまで正しく表現され、まるでカズコ自身の言葉のようだ」

社長にもそう評価されるようになった。そして次第に、通訳としてだけでなく、仕事の内容にまで踏み込んだディスカッションに参加する機会が増えた。それは通訳というよりＴＱＣの専門家として扱われるということを意味する。セミナーが修了する頃には、肩書きは主任になっていた。

さらに半年後、木村本部長が退社した。航空機エンジン・エレベーターの大手であるユナイテッドテクノロジーのシニアエグゼクティブ（上席常務）として再び引き抜かれたのだ。

私は入社して一年半にして課長に抜擢され、事実上、日本モトローラのTQCを任されることになる。

外資系といえども異例の昇進だった。理由としては、グローバルカンパニーである日本モトローラが、対外的なイメージ戦略として「女性の管理職」を必要としていたこと。それに加えて、木村本部長の通訳、そしてTQCという仕事の性質上、私が常にアメリカ人のトップと仕事をしていたということも大きい。

私は、よくも悪くも組織に慣れていなかった。だから、いいと思ったことはなんでもやった。社長にさえ臆せずに提言した。結果的に、「やっと、きちんとものの言える日本女性が入ってきた」と評価された。謙遜を美徳とする日本人社員の中で、私の姿勢はアメリカ人マネージャーにはたいへんポジティブでセルフアサーティブ（自己主張できる）に映ったようだ。英語でネイティブと仕事をすることは大きなプレッシャーだったが、同時に幸運でもあった。日本社会の概念では「出る杭」は「打たれる」ものだが、アメリカ人は「伸びる」ものと考えるからである。

しかし、外資系とはいえ、社員の九十八パーセントは日本人。その組織のメンタリティにおいて、私がどんなに異端だったか。

年上、年下、地位に関わらず男性には反感を持たれるし、同性もあとから入ってきた人間に追い越されていくことを喜ぶ者はいない。面と向かって非難されれば、反論の余地もあるし和解する道もあるが、陰口には閉口した。

「本部長の通訳をしているうちに、自分がえらくなったとかんちがいしているんじゃないの」

「アメリカ人の役員に取り入って出世した」

気にしないようにしてはいても、聞こえればやはり傷つく。ボブを相手にぐちもこぼした。そのなかで、私を全面的に理解し、支えてくれたのは直属の部下たちである。なかでも女性の課員たちは本当に優秀だった。大学を卒業し、職業を腰掛けでなく生涯の仕事として、男性と対等に向かい合っていた。あるときは優しく、あるときは厳しく接して奮い立たせてくれたのは彼女たちであり、アメリカへの転勤が決まったとき、自分のことのように喜んでくれたのもまた彼女たちだった。
——現在、彼女たちはそれぞれ専門分野をもち、マネージャーとして活躍している。

レジェンド Legend

一九八八年六月。まだ入社して五ヶ月足らずの頃、木村本部長のアメリカモトローラ訪問のスケジュールを組むことになった。私同様入社して間もない本部長にとっては、当時の*CEOのジョージ・フィッシャーをはじめ、幹部役員との会見をはたせるかどうかがこの出張のカギになる。私は、短いあいだに得た人脈を駆使してなんとかすべてアポイントメントを取りつけることに成功した。本部長が喜んでくれたのが何よりうれしかった。

いよいよシカゴ本社で、CEOと会うという日。迎えられて部屋に入ると、まずキッチンが目についた。オフィスにキッチンが備えられているのも珍しいが、さらに、

「何を召し上がりますか？」

と丁重に尋ねられ、ＣＥＯみずからコーヒーを注いでくれたのには恐縮した。彼は、美しい英語を話す本当の紳士だった。

今、世界中の企業で流行の*シックスシグマはもともとモトローラがはじめたものだが、この会見をきっかけに、日本モトローラでもスタートすることになる。

さて、シカゴ本社で無事に仕事を終えたあと、私たちはフロリダのボイトンビーチに向かった。通信機事業部のページャー工場を視察するためである。夜はしゃれた海岸沿いのレストランでシーフードとワインのディナーの歓待を受けた。沖合には船のイルミネーションがきらめき、夜空いっぱいに星、肌に心地よい海風。昼間の緊張が解け、少しアルコールも入って、私は開放された気分になっていた。

「There is a legend about this beach. You can come back here, if you walk on the beach with bear feet. フロリダのレジェンド（伝説）をご存知ですか。素足になって砂浜を歩くと、いつかきっと戻ってこれるのですよ」

みんなで砂浜を散歩しているときに、当地の品質管理部長マイク・フォンタナが教えてくれた。私はためらわず靴を脱いだ。砂の感触が素足に心地よかった。

「この南の美しい場所に、もう一度来たい」

心からそう思った。


——四年後、その伝説は現実となる。アメリカ本社から示された赴任先は、まさに「フロリダ」だったのだから。マイクはボイトンビーチから、フォート・ローダデールの無線機事業部へ移っていた。

「やっぱり戻ってきたね」

そこには、顔見知りはマイク一人、という新しい職場が私を待っていた。

グリーンカード、アメリカ国籍　Green Card, America Nationality

グリーンカードはアメリカ永住権の通称（緑色ではない）。取得するにはいくつかの方法があるが、取得すれば、選挙権、パスポート発行以外は、アメリカ国民と同様に生活できる。グリーンカード取得後五年を経れば、アメリカ国籍を取得できる。アメリカ国籍は「市民権」とも呼ばれる。

デミング賞　Demming Prize

アメリカの統計学者デミングが日本産業の品質管理向上に残した功績を記念して、一九五一（昭和二十六）年に日本科学技術連盟（日科技連）によって制定された賞。品質管理に関する実務や理論に貢献した個人、および品質管理の水準がきわめて高く社会への貢献度の大きな企業に対し、毎年1回与えられる。

アドミニストラティブ・アシスタント　Administrative Assistant

直訳すれば、「経営管理助手」。経営陣の業務の補助をする。

CEO

「Chief Executive Officer」の略で、経営最高責任者と訳される。日本企業でいう代表取締役にほぼ対応する。

シックスシグマ　Six σ

一九八〇年後半、モトローラが考え出した経営改革手法の一つで、統計学を基礎としている。一〇〇万分の三、四の欠陥率にあるような完全性をビジネスプロセスに求めた活動。日本企業に追い越された欧米企業、とくに米企業がなんとか復活するために、日本企業を分析し、開発した。

RESIDENT ALIEN

第2章

結婚——英語との出会い

最初のアメリカ旅行

内弟子と学ぶ

「英語で考える」

「まなぶ」は「マネぶ」

英作文からの脱却

生きた証拠

THINKING IN ENGLISH means you feel, act, respond and LOVE In English.

最初のアメリカ旅行

私は帰国子女でもなく留学経験もない。大阪生まれの大阪育ち、東京に出るまでごく普通の多感な少女だった。英会話への興味が生まれたのはボブと結婚してからだ。かろうじて少し英語と接触したのは、大阪で開かれた*万国博覧会場のアルバイトをしたときである。配属はアメリカ・ワシントン州のパビリオン。アメリカ国旗のストライプの制服を着て、さまざまな目の色をした人たちと一緒に仕事をした。その雰囲気に影響されて、週に一度英語の個人レッスンに通うことにした。

先生はプロテスタント教会の牧師さん。残念ながらまるで英語は上達しなかったが、義理のつもりで日曜礼拝に出るようになり、そこで最初の洗礼を受けた。英語との出会いは、のちに私のアメリカ生活の支えになるキリスト教との出会いでもあった。

将来の夫となるボブに出会ったのも万国博覧会場である。ボブは閉会後、アメリカのテキサスへ出発した。彼が神戸へ戻ったのと入れちがいに、私は東京の保母学院に通うために上京することになる。

はじめはアメリカと大阪、のちに神戸と東京という二段階の遠距離恋愛を経て、五年後、私たちは結婚した。

翌年、新婚旅行をかねて一ヶ月間のアメリカ旅行を計画した。私にとってははじめての海外だったが、一緒に行く夫が英語の先生なのだから、こんなに心強いことはない……はずだった。

しかし、現実はちがった。なにしろ、ボブがいなくてはアイスクリーム一つ買えない。

「ギブ・ミー・アイスクリーム」

と言うことができても、そのあとに種類だか大きさだか、売り手が早口で聞いてくる言葉がまるで理解できない。結局何も買えずに戻り、

「なんだか食べたくなくなっちゃった」

などと負け惜しみを言ったりした。

アメリカでは、個人の趣向を大切にする。自分で何が欲しいかをはっきり言わなければ、ホットドッグもパンとソーセージしかもらえない。たまねぎのみじん切りも、ピクルスもケチャップもマヨネーズも何もついてこない。コーヒーしかり。自分で明確に意志表示することが大切だ。

一時が万事その調子で、徹底的に突き放された。私の堪忍袋の緒が切れたのは、アメリカ旅行最後の日、ホノルル空港で乗り継ぎをしたときである。

旅の疲れもあって、ついウトウトして搭乗のアナウンスに気づかなかった。見知らぬ人に起こしてもらって目を覚ましたが、周囲にボブの姿が見えない。誰かに聞こうにも英語が通じない。ほとんどパニック状態におちいった。

搭乗券を頼りに、どうにかこうにかボーディング・ラインに行くと、そこに彼が立っているではないか。

「寝ちゃうなんてさすがだね。僕なんか、最初は英語のアナウンスを聞き取るだけで緊張しどおしだったのに」

と、皮肉たっぷりに言う。そのうえ、

「僕たちはいつかアメリカに住むんだよ。アメリカに来てまで、四六時中ずっと、奥さんの面倒を見るつもりはないよ。自分のことは自分でやれるようになりなさい」

と宣言されてしまった。

彼の話によると、アメリカへ赴任すると、奥さんが家族の中で一番世話が焼けるのだという。子供に比べて適応力がなく、社会性に乏しい。そのうえ英語が話せなくて、車の運転もできないとなれば最悪の状態である。とにかく最低限のことはできるように、と厳しい要求を突きつけられた。わざと意地悪されているように思えて、帰りの飛行機の中では真剣に離婚まで考えた。

「英語の成績は五だったの」

発つ前に自信満々でそう言っていた私に、学校英語など使いものにならないことを思い知らせたかったのだろう。

「泳ぎを教えるには、まず水に突き落とせって言うだろ。あれと同じだよ。学校の成績がいくらよかったって話せることにはならないんだよ」

帰国後、ボブはそう言った。

彼の目的は、この結婚記念旅行で十分果たされたのだ。

この旅行でつくづくと自分の英語のレベルを知らされた私は、帰国後あらためてボブのメソッドで勉強をはじめることにした。

──そして一年後、再びアメリカ旅行に出かけた。

同じ季節、同じルートだったが、今度は一人で行ったのである。自分でも意外なくらい言葉に不自由しなかった。私以上に驚いたのはボブの友人のリッチとジーン夫婦だ。まったく英語がだめだった私が、たった一年でネイティブと対等に話せるようになっている！

アメリカに転勤して再び彼らを訪ねたときには、もっと仰天させてしまったようだ。英語がわからなくてニコニコしているだけだった「かわいいお人形さん」が、アメリカの一流企業のマネージャーに変身していたのだから。

内弟子と学ぶ　Apprentices

英語を一生の仕事と定めたボブは、神田外語学院に勤務するかたわら、自分のメソッドを確立しようと必死だった。それが完成に近づいた頃、彼はある実験を計画し、そして結婚と同時に実行に移した。生徒五人を内弟子として、私たちの住んでいた狛江のマンションに毎日英会話の勉強に通わせたのである。

彼らにはボブのメソッドに忠実に英語の勉強をしてもらう。そのかわり授業料はなし。期間は一年。この方法で誰もが本当に英語を話せるようになるのか、それを確かめる実験だった。彼らはほとんど二十四時間、英語漬けの生活を送る。

夜の授業を終えて帰宅すると、ボブはひと息つく間もなく、彼らへの指導をはじめる。それは連日、夜中の二時、三時まで続いた。私は、なぜ「英語で考える」ことにそれほど没頭できるのか理解できなかった。むしろ、新婚生活を犠牲にしてまで教える必要があるとは思えず、自分がかわいそうな新妻に思えたくらいだ。

ボブは、毎夜飽くことなく、内弟子たちにどのように勉強するのか、なぜそうするべきなのかを熱っぽく語って聞かせた。

「英語は、英語しかわからない外国人のために使うもの。そういう場合は、君が日本語を知っていることなどまったく役に立たないはずだ」

当たり前なのに学校教育では教えてこなかったことである。その熱意が伝わったのか、彼らもまた、必死で取り組んでいた。

日中は、ボブの指示にしたがって、それぞれが一人で勉強した。まずは、英語で書かれた幼児向けの絵本を見ながら、身近にあるものを片っ端から音と一緒に覚える。家のあらゆる場所に絵の描かれた単語カードがはりつけられた。トイレは絶好の学習場所になった。食事をつくりながら、掃除をしながら、彼らはすべて英語のまま吸収した。

このカード学習は赤ちゃんが言葉を獲得していく過程と同じものである。最初の二ヶ月は徹底的に脳に「もののイメージ」と「言葉（英語）」を定着させる訓練。同時に、彼らの英語年齢は二歳程度であることを納得させ、身につくまでは「英会話」を禁じさせした。

三ヶ月たつと、内弟子たちは自然に英語で会話をはじめるようになった。五歳くらいの英語の力がついてきていたのである。そのくらいの子供が話す内容なら、よどみなく、楽しみながら話せるようになっていた。六ヶ月が過ぎると、スポーツやニュースなど特定の内容について、ボブと質議応答ができた。十ヶ月後、それぞれ興味をもった事柄について英語で読んだり、聞いたりすることをボブが奨励したので、「読む・聞く・話す」が相互に作用し合い、ますます能力がアップしていった。

——一年を迎える頃、彼らはボブの思惑どおり、英語が話せるようになっていた。

「英語で考える」 Think in English

実験を終えて出かけたのが、あの最初のアメリカ旅行である。そして帰ってきてすぐ、ボブは新宿に小さな事務所を開いた。内弟子たちが予定どおり一年で英語をマスターしたことで、自分のメソッドに確信をもったからだ。

現在の*ＴＩＥ外語学院の前身、ＴＩＥ英会話クラブの誕生である。

その頃、私は保母をしながら、明治学院大学の二部で社会福祉主事の資格を取るための勉強をしていたが、事務所の開設を機に保母をやめ、ＴＩＥの事務を手伝うことにした。本音を言えば、昼間の時間を自分の英語の勉強にあてたかったのである。旅行でのにがい体験が福祉から英語へと、私の興味を方向転換させていた。英語が話せるようになると世界はどう変わるのか？　ようやくボブの教える「Think In English　英語で考える」方法にまじめに向き合う気持ちになったのだ。

再び、昼間も夜も学生の生活がはじまった。勉強にもおのずと熱が入った。これが私と英語との本当の出会いである。

「英語で考える」とは、日本語を一切介さずに英語を理解するという発想に基づく学習法である。ボブの恩師である故*松本亨博士が生涯をかけて提唱された考えが基礎になっている。

はじめの六ヶ月、私はTIE英会話クラブで最悪の生徒だった。じゃまをしたのは、学生時代の英語の成績である。今さら他の若い生徒のような軽く（？）見える発音はできない、精神年齢三歳には戻れない、など、ヘタなプライドがあだになった。

日本の学校では、英語を日本語訳して、その意味が理解できているかどうかを評価の対象にする。それをチェックするのは日本人の先生である。ところが実際には、英語を使ってコミュニケーションする相手は英語しかわからない外国人である。、私たちが日本語を話すとき「日本語で考える」のと同様、彼らは「英語で考える」から、そこにギャップが生じる。日本語訳せずに英語のまま理解できるようにするのは訓練であり、それを学科として勉強するからおかしくなってしまうのである。

文法や英作文中心で英語を理解してきた私は、それまでの知識を捨てるようにしつこく言われた。この「捨てる」作業をUNLEARNという。いったん教養や学識を身につけた大人には、ここが最大の難関になる。若い人にはできる。捨てるものが少ないからである。RELEARNはそれからだった。

「まなぶ」は「マネぶ」Relearn

捨てることと忘れることを念頭において、毎日、例の絵（イメージ）と音をつなぐ訓練をやった。すべての生徒はここから出発する。ＴＯＥＩＣや英検でどんなに優秀な成績をあげている人でも、ＴＩＥではフラッシュカードからである。

フラッシュカードとは絵が印刷されたカードのこと。最初の段階では、音声テープを聞き、そのとおりに発音しながらカードをどんどんめくっていく。徐々にめくるスピードを上げ、ビジュアルなイメージと英語の音が頭の中で直接結びつくようにする。スピードが重要なのは、日本語に訳すくせを取り除くためだ。

このように知っている単語から徹底的にイメージ化していき、単語の数を増やしていく。この段階はゲームのようで楽しい。子供や若者はこのあともずっとゲーム気分で訓練を続けていけるのだが、大人はそうはいかない。

音からイメージが浮かぶようになると、次に文字からイメージする訓練へと進む。

二〜三歳の子供が言葉を覚えていく様子を観察してみると、最初は、親や兄弟の使っている表現を状況と合わせながら理解し、それをそのままマネをして使っていることに気づく。言葉の習得は日本語も英語も同じはずである。生まれてから無意識にたどってきた過程を、英語で一からやり直すというわけだ。そこで、お母さんが子供と一緒に絵本を見ながら「これは車」「これはトラック」と話しかけるように、教材を使って自分でやるのである。ただし「一からやり直す」のは意外にむずかしい。いい年をして、それこそ「キャット」や「カップ」からはじめるのだから……。

カードをめくっているうちは具体的なものがわかるからまだいいが、レベルが上がってくると言葉（英語）で英語を説明されるようになるため、「よく意味がわからない」という時期がやってくる。学校英語に染まっている大人には、こんな状態は不安で不安でたまらない。わからないままでいいと言われても、なかなかそうは思えないのだ。英語の勉強は学問ではなく、テニスやゴルフの練習と同じ。そんなかんたんなことがわかるまで、ずいぶん時間をムダにしてしまった。

フラッシュカードの次は、ピクチャーストーリー（子供の絵本）を与えられる。日常の表現をイメージ化しながら覚える訓練をくり返し、「BOOK」と聞いて「本」という日本語ではなく、本そのもののイメージがひらめくようにするのである。覚えた単語を応用しながら、少しずつイメージ場面を増やしていく。さらにそのイメージを英語で説明するのだが、使えるのはこれもその時点で覚えた単語だけ。これを「ゴールデンルール」という。

その頃、TIEには一人だけアメリカ人の先生がいた。生徒の覚えたピクチャーストーリーをチェックし、発音を直すのが彼女の役目なのだが、大人はつい彼女と会話をしてみたくなる。ボブは、この段階でのフリーカンバセーションは効果的でないと考え、生徒の学習内容を厳しくチェックしていた。

ボブの考えはこうだ。

ピアノを習いに行ったとしよう。楽譜が読めるからといって、ピアノが弾けるわけではないことはみんな知っている。ピアノの先生が、初級の生徒に何でも好きな曲を弾きなさいと言うわけがない。ところが英語に関するかぎり、「ネイティブの先生とのフリーカンバセーション＝会話上達の近道」という迷信がまかり通っている。

彼の指導があまり厳しいので、私にぐちを言ったり、相談に来たりする人も多かった。私自身が劣等生だったので言いやすかったのだろう。そのうちに、世の中には学び上手がいることを知った。お稽古事のように考えて素直に練習する人は、英会話も着実に短期間で上達する。おかげで私も遅ればせながら、学ぶコツがわかってきた。

英作文からの脱却

「いつまでも英作文をしていると、英語で考えられるようにならないぞ！」

と、ボブに何度注意されたことか。

「背伸びするんじゃない！」

とも叱られた。そのつもりはなくても、日本語力と英語力の間にあまりにも差があるため、考えを表現しようとすると自分の英語年齢を超えてしまうのである。子供なら少ない言葉を駆使してなんとか表現しようとするか、カンシャクを起こして泣きわめくか、というところだ。

そこまで英作文を禁じるのにはわけがある。

日本人の英語が外国人に通じない不自然なものになってしまうのは、日本語で考えたことを英訳するからだ、というのがボブの主張なのである。

英語と日本語というべつべつの土俵に乗っていては組むこともできない。ロジックの相違は異文化理解の問題まで発展する大きな課題だが、少なくとも英語でコミュニケーションしようとする場合には、相手の土俵に立つ必要があるはずだ。ここが理解できると、英語が身につくスピードが確実にアップしていく。

また、英文は読めても会話のスピードについていけない、ヒアリングが弱いなどという悩みをよく聞くが、ヒアリングの能力を伸ばすには英語を日本語に訳さず、英語を英語のまま理解できるように訓練するしか方法がない。「BOOK」から「本」という日本語に訳している時間がロスなのだ。これを直さないかぎり、どんなにたくさん英語を聞く努力をしてもある時点で伸びなくなる。

さて「英語をマスターする」ということは、厳密にいえば、今、自分が日本語で話している内容をそのまま英語でも話せるようになるということだ。

ただ、誰もがそこまで英語を学習する必要はない。

赤ちゃんはオギャーと生まれて四歳から五歳で、だいたい日常生活に不自由のない程度には言葉が話せるようになる。英会話の学習をはじめて一年後には、私の英語年齢も四歳か五歳になった。そのレベルの英語を話せるようになったら、そこから先は自分が何のために英語を使うか、英語で何を話そうとしているのかによって要求される分野とレベルがちがってくる。

そしてそこから先は英会話そのものの勉強ではなくなる。子供がテレビを見ていてたくさんの言葉を覚えたり、学校へ行ってさまざまな学科を勉強するのは、もう英語で学んでいるということだ。

知らないことは話せない。知っていること、伝えたいことが英語で話せる、書けるということが当面の目標になる。

このような学習方法で、朝十時から大学に行く午後四時まで、ひたすら自習する日々が続いた。「一年間に五〇〇時間勉強すれば話せるようになる」というＴＩＥのキャッチフレーズだが、頭のかたい私はもうちょっと時間がかかったような気がする。しかし、そのようにして得たものは英語を話す能力だけではなかった。何かを真剣に身につけようとすること、それは物事の本質に迫ることだ。「勉強する」とはどういうことなのかを、はじめて体験することができたのだと思う。

生きた証拠　Living proof

英語の勉強をはじめて半年くらいたった頃。JAPAN TIMESに載っていたある講演会のお知らせが目にとまった。CWAJ（College Women's Association of Japan）主催、テーマは確か「文化のちがい」だったと思う。

CWAJは日本在勤の外国人ビジネスマン（Executive）の奥さんや、海外生活の長かった日本人の奥さんを中心に組織された団体で、日本の大学生、とくに女子学生のための奨学金制度と教育文化交流を二本の柱に活発な活動をおこなっている非営利団体である。

当時、ヨチヨチ歩き程度の英語力だったが、とにかく行ってみることにした。

講演会が終わると、隣りの美しい外国人女性が私の方を向いて言った。

「素晴らしいお話だったわ」

ドキドキしながら言葉を返すと、

「まあ、あなたは英語がとても上手ね。どうやって勉強したの？」

とほめてくれるではないか。

ボブには一度もほめられたことがなかったので、夢のような出来事だった。

その女性の名はマリリン。アメリカ人である。彼女の紹介でCWAJのメンバーになり、そこで大勢の素晴らしい女性たちと出会った。アメリカ人、ヨーロッパ人、アジア人、日本人……みんな美しく、聡明で、流暢に英語を話す。彼女たちの刺激を受けて、私の英語のレベル（と知的興味）は少しずつ向上していったのである。

一九九六年、マリリンと夫のジャックは金婚式を迎えた。式に出席するため、*シカゴから*ニューハンプシャー州までボブと出かけたのがつい昨日のことのようだ。

赤ちゃんだった私の英語が大人になるまで、友人としてずっと見守っていてくれたマリリン。彼女も今は七十歳を過ぎ、ゆったりと*ノースカロライナ州で暮らしている。

フロリダのフォート・ローダデールの自宅にて、マリリンと。

「ボブのＴＩＥメソッドは素晴らしい。カズコが生きた証拠（Living proof）だね」

マリリンとジャックはいつもそう言ってくれた。アメリカでの私を支えてくれた、忘れられない言葉だ。

ＴＩＥ外語学院
フリーダイヤル　〇一二〇—八七—一一八五
ウェブアドレス　http://www.tie-gaigo.com

万国博覧会　EXPO

国際的な規模と視野で開かれる博覧会で、「万博」と略される。第一回は一八五一年にロンドンで開催された。大阪万博は一九七〇年三月十五日〜九月十三日に、吹田市千里丘陵で開催され、のべ入場者数六四二二万人を記録した。

TIE外語学院

故松本亨博士の提唱した「英語で考える」理念を、具体的に実践している英会話学校。一九八九年に現校名に名称を変更した。

松本亨博士

明治学院英文科からユニオン神学校、コロンビア大学に学び教育学博士の学位を受ける。一九五一年から二十二年間にわたりNHKラジオ「英会話講座」を担当。一九六八年松本亨高等英語専門学校長に就任。一九七九年没。

シカゴ　Chicago

イリノイ州のミシガン湖畔にある商工業都市。アメリカ中部地域の行政・経済・文化・交通の一大中心地で、ニューヨーク、ロサンゼルスに次ぐ大都市圏を形成する。

ニューハンプシャー州　New Hampshire

アメリカ合衆国北東部に位置する独立十三州の一つ。州都はコンコード。州名はイギリス南部の地名ハンプシャーに由来する。北境をカナダと接し、高い山や河川も多く、豊かな森と水に恵まれた美しい州。

ノースカロライナ州　North Carolina

アメリカ合衆国東部の州で、州都はローリー。温暖湿潤な気候で、キャンプや魚釣り、水泳などの施設が整備された国立公園も多い。

第3章

アメリカで仕事する――フロリダ篇

個室オフィス

引き継ぎ

アメリカ人の部下

勤務評価

カンファレンス・コール

癖のある英語

"Hi, Stranger, Welcome back home!"
"Thank you. It's so nice to be back."

個室オフィス Private Office

フロリダのモトローラへの初出勤の日のこと。

「カズコと呼んでください」

そう自己紹介したとたん、誰もが親しげに「カズコ」と呼んでくれる。新しく来た者をはれ物をさわるように迎える日本とはかなりちがう。そのかわり特別扱いもない。頼まなければ何も教えてもらえないし、気を使ってくれることもない。ひととおり挨拶がすんだら、みんな何ごともなかったかのように自分の仕事に戻っていく。

秘書に案内されたオフィスは、日本で言えばマンションのリビング二つぶん、二十五から三十平米ぐらいの広さがあった。もちろん個室である。窓からは緑ゆたかなモトローラの広大な敷地が見渡せた。

しかし、この恵まれた環境に驚嘆し感動したかというと、嘘になる。

実際は、
「カズコのオフィスはここ」
「そう、ありがとう」
という程度。仕事のことで頭がいっぱいで、オフィスも敷地も目に入らなかったのだ。周りを見る余裕ができたのはずっとあとになってからのこと。

結局、アメリカではフロリダのフォート・ローダデール、ジョージア州のアトランタ、イリノイ州のシカゴ、テキサス州のオースティンの順で四ヶ所のモトローラに赴任した。そのたびに少しずつ昇進していったにもかかわらず、オフィスが一番広かったのは最初のフロリダである。

「栄転なのにスペースが狭くなったのはどうして?」

シカゴ本社に異動になったとき、つい文句を言ってしまったが、理由を聞いて納得した。シカゴのような都会は土地が高いこともあるが、要するに「そこでトップから何人目のポストか」でオフィスのランクが決まるのだそうだ。本社の部長は子会社の社長よりえらい。フロリダでは事業部のトップに報告する立場だったとはいえ、本社では社長から数えて何段階も下だったのだから仕方がない。

さて、話はまたフロリダへ。

自分のオフィスで驚いたのは、実は広さではない。だだっ広い部屋の中にポツンと机があるだけなのだ。日本の会社なら、規定のオフィス家具はもちろん、机の引き出しを開ければ文房具がひととおり揃えてあるのがふつうである。空っぽの引き出しにショックを受けて、

「歓迎されていないのかしら」

と、みるみる不安がふくらんだ。

しばらくして、秘書に自分の欲しいものと数を伝え、注文してもらうのがアメリカ流であることを知った。また、秘書が何種類もの分厚いカタログを抱えてやってきて、

「家具を選んでください」

と言われたときもびっくりした。

「どれでもいい」

と言っても納得してくれない。

まったく、時間のロスじゃないの……と思いながら、しぶしぶオフィスのカーペットや椅子を選んだ。ただし、個人の嗜好を尊重するアメリカでも、そんな待遇は上級のマネージャーだけだ。それだけに、自分のスキルとプロフェッショナルに見合ったポジションを得たことを誇りに思いながら、あれこれと好みのものを揃えていくのだろう。まず目に見える部分から自分のステイタスを実感できる、アメリカらしいやり方である。

プライバシーの面では万全な個室オフィスだったが、仕事の効率という面では問題があった。なにしろ秘書に用を頼むときでさえ、いちいち電話をして来てもらわなければならない。部下との意思の疎通もままならず、顔を合わせるのは会議や報告のときだけという日もある。個室オフィスのない平社員も、一人一人のデスクはパーティションでしっかり仕切られていて、

「何をやっているのか全然わからないじゃないの」

と、つい不信感が芽生える。アメリカ流では、極端に言えば、しっかりアウトプットさ

えしておけばオフィスにいなくてもいい――それがわかるまでに時間がかかった。

さて、慣れてしまえば個室オフィスが快適なのは当然だ。逆にプライバシーが守られている状態が当たり前になってしまうと、日本の開放的なオフィスは落ちつかなくなる。とはいえ、天下のソニーでさえ、個室があるのは社長だけなのだから、文句が言える筋合いではない。もっとも最近では、部下全員の顔が見え、一度に「おはよう」と言える日本流も悪くない、と思っているのだが。

引き継ぎ　Transaction

フロリダに着いたばかりの頃の私は、まだ仕事もスタートしないうちから仕事のことばかり考えていた。なぜあんなに焦っていたのだろう。なんとアメリカに着いて三日目には出勤してしまった。

「生活が落ちつくまでは、仕事のことは気にしなくていいんだよ」

という優しい上司の言葉も、

「来なくていいよ」

という意味に聞こえてショックを受けたりしていたから、やはりずいぶん気負っていたのだと思う。


ところが、せっかく出社したのに前任者がなかなか引き継ぎをしてくれない。新しい仕事に就いたばかりで先方も忙しいのだろう。焦る気持ちを抑えて、二週間も待っただろうか。とうとうしびれを切らしてこちらから連絡を取ったが、その後もさっぱり音沙汰がない。どう理由をつけてみても同じ建物の同じフロアにいる同僚なのである。引き継ぎをしてもらえないのは納得できなかった。

上司からも仕事に関する具体的な指示がなく、そんな状態のまま一ヶ月が過ぎた。さすがに不安と焦燥感でいたたまれなくなった。なぜアメリカに呼ばれたのだろう。そんな疑いすらもった。あれこれ思い悩んだあげく、ある日思い切って上司のオフィスを訪ね、自分の気持ちを打ち明けた。すると、

「カズコは品質管理のエキスパートなのだから、自分が思うように仕事をすればいい。私があなたに期待することは一つだけ、事業部の品質向上に努力してもらうことだよ」と言う。

翌日、私は覚悟を決めてアシスタントに伝えた。

「前任者からの仕事の引き継ぎは一切しない。今日から私の考える方法で仕事を進めていくことにしたので、多少の混乱があるかもしれないけどついてきてほしい」

意外にも、彼女の表情は変わらなかった。

「今までマネージャーが替わるたびに仕事のやり方も変わってきました。当然のことです」

今回に限って引き継ぎが遅れているのではなく、もともとそんな習慣などなかったのだ。常にグループ単位で、コンセンサスを取りながら仕事を進める日本流と、各マネージャーの責任範囲が明確に示され、その中では絶対的な権限をもつアメリカ流――日米の企業文化のちがいを痛いほど感じた。

このようなアメリカ流マネージメントのよさはその後しばしば実感することになるが、同時に問題点も見えてきた。

赴任直後の私を悩ませたのが、部下たちのレベルだった。日本人に比べて総体的に仕事に対する意識が低く、非協力的ですらある。当初、私のマネージャーとしての資質に問題があるのではないかと思ったりしたが、そうでもないようだ。

アメリカでは上司が替わるとそれまでの仕事の成果は一切認められない。中間管理職のマネージャーはだいたい二、三年で替わるから、部下たちのあいだに、「どうせボスが替われば方針も変わるのだから……」という意識がまん延しても仕方がないところもある。オールクリアのシステムそのものが、やる気をなくす大きな理由の一つだったのではないかと思う。

私自身、直属の上司が替わって新しい上司になったとき、ついそれまでの仕事のやり方や方針を伝えようとして、

「今までは今まで。これからは私のやり方に従ってもらいます」

と拒否される経験もした。そうなると、それまでの仕事の延長というより新しい仕事に

就いたも同然で、また一から慣れていかなくてはならない。部下たちの気持ちもわかるのである。

アメリカ人の部下　American subordinates

フロリダでは、男性三人、女性二人の合計五人のアメリカ人の部下をもつことになった。アメリカではsell yourselfの考え方が徹底しているから、さっそく、

「自分はバッテリーの寿命試験はプロフェッショナルだ」

「信頼性テストの知識は完璧だからまかせてくれ」

などと口々に言ってくる。最初は頼もしく思ったが、しばらくすると、

「あれれ……?」

なんだかおかしいな、と思いはじめた。

「口ほどでもないじゃないの」

とはさすがに言わなかったが、なにしろ報告してこない、言いわけする、ぶつぶつ文句を言う……正直、カリカリしどおしだった。日本モトローラにいたときは、私の考え察して先へ先へと動いてくれる優秀な部下ばかりだったからなおさらである。

しかし、アメリカ人の部下の名誉のために言っておくと、彼らがいいかげんだったわけではない。彼らには確かにそれなりのスキルがあった。私が要求するようなことを、アメリカ人のボスから要求されたことがなかっただけなのだ。

アメリカでは部下に要求するのは結果だけ。あとは好きなようにやらせるというのが上司の基本的なスタンスである。ところが日本から行ったばかりの私は「まかせる」ことができない。仕事の進行具合を始終報告させ、ひとこと言わずにはいられない。アメリカ流マネージメントに慣れた彼らからすればさぞうるさく感じたことだろう。なにも日本流を押し通そうなどと思っていたわけではない。ただ何が何だかよくわからない状態なので、結果的にそのようなマネージメントになってしまっただけだ。

「仕事はできるが、部下の使い方はうまくない。日本とアメリカのカルチャーのちがいを勉強してほしい」

最初の勤務評価でそう言われてがっかりしたこともあったが、それでも少しずつアメリカ流に慣れていった。それ以上に彼らがよく歩み寄ってくれたものだと思う。

「それくらい言わなくてもわかるでしょう」

というようなささいなことまでいちいち口に出して要求しているうちに、黙っていてもだいたい期待どおりに動いてくれるようになった。彼らにしてみれば日本流マネージメントのもとで働くことなど、夢にも思わなかったにちがいない。

のちに、人づてに彼らが「カズコは素晴らしい上司だった」と語っていたと聞かされて、とてもうれしく思った。

アメリカでは物事の決断は上の者がくだす。完全なトップダウンである。赴任したばかりの頃は、アメリカではみんなとディスカッションしながら物事を決めなければならないのだと思いこんでいたが、そうではない。責任をまっとうしなければならないのはマネージャーであり、マネージャーには、自分の責任範囲における絶対的な権限があるのだ。

その反面、タイトルのない人間に期待してはいけないという考え方がある。能力とやる気があれば、それなりのタイトルを得ているはずであり、タイトルがない人はできなくても仕方がない。だからそういう部下を責めてはいけない。

たまたま、頼んだ仕事が終わらないまま帰ろうとした部下を叱ったら、

「帰らなければいけないのに、仕事をしろとカズコが怒った」

と上司のオフィスに駆け込まれたことがある。

上司には、

「ああいうレベルの人に、残業を期待するカズコがいけない。感情が出ないようにしなさい」

と私が注意された。しかし、それではいつまで経っても当人がスキルアップしないではないか。アメリカ流のよさを理解しつつも、この考え方だけにはなかなか慣れることができなかった。

勤務評価　Performance appraisal

日本文化の美徳である謙遜は、英語圏では逆に自信のなさ、能力のなさと受け取られる。TIEでもそう教わっていたし、日本モトローラ時代の経験からも十分理解したつもりでいた。しかし現実は想像以上だった。

Performance appraisal（勤務評価）の話である。

一年に一度のその時期、各マネージャーは、一人あたり三時間、多ければ五時間もかけて自分の部下と話し合いの場をもつ。もちろん日本モトローラでも勤務評価はしていたが、どちらかと言えば通過儀礼的なもので、上司が総合的な判断を述べ、多少改善点や今後の目標などを話し合う程度。せいぜい一時間もあれば足りていた。だから話に聞くたびに、アメリカではなぜそんなに時間がかかるのか不思議に思っていたのだ──そう、自分が実際に経験するまでは。

フロリダに赴任して六ヶ月後、はじめて勤務評価のシーズンを迎えた。最初に、マネージャーとして私がくだした評価と、部下の自己評価とのつき合わせをする。まず、すべての部下の自己評価が私より一段階か二段階は高いのには愕然とした。非常に公平に、しかもあるカテゴリーについては三歩は譲って評価したつもりだったから、私にはかなりのショックだった。

もちろん、部下の自己評価をそのまま受け入れるわけにはいかない。そこでこの差異がどこで生じたか、論理的かつ数字的根拠をもとに議論を開始する。このとき、アメリカ人の部下には上司の評価を謙虚に受け止めようという態度は一切ない。かと言って評価を押しつけたりすれば、上司としての尊敬を得られなくなる。お互いに納得できるまで議論するしかない。これでは時間がかかるはずだ。

案の定、この初体験で私はヘトヘトになった。毎回これでは身がもたない。そこで、日常業務の中で部下に仕事を与えるたびに、経過や達成度などについて細かくメモを取ることにした。おかげで、翌年からの勤務評価はだいぶスムーズにできるようになった。

さて、私も部下の一として、上司から勤務評価を受ける。自分の勤務評価に関しては、私はほぼ日本流を貫いた。上司の評価をほとんどそのまま受け入れ、勤務評価は上司の評価の基準や私に対する要望を理解する機会と考えることにしたのだ。謙虚の精神を身をもって示そうなどと考えたわけではないが、仕事の成果や実績をアメリカ人のように主張することにはどうしても抵抗があった。

アメリカにいるあいだに三人の上司をもったが、彼らの私に対する評価はそれぞれちがっていた。業務達成度はともかく、個人の価値観がからむ抽象的な項目については、すべてに納得できたわけではない。それでも自分のやり方を変えないでやってきた。その姿勢がよかったのか悪かったのかはわからないが、仕事が変わるたびにより責任のあるポジションを得てきたことを思えば、まあ大きくまちがってもいなかったのだろう。

アメリカモトローラでは、勤務評価の他にも三ヶ月に一度、上司と部下とが面接をする。主なテーマは仕事の達成度や現在の仕事に対する適性、社内研修、目標達成のためのトレーニングなど。また私のように海外から赴任している者やマイノリティが、昇進などで不利な扱いを受けていないかをチェックする面接もある。工場では三十～五十人もの部下をもつマネージャーもざらにいるから、これらの話し合いにかかる時間だけでも相当な負担になる。管理職になるほど長時間働く理由は、案外こんなところにもあるのかもしれない。

カンファレンス・コール　Conference call

プエルトリコ、アイルランド、マレーシア、中国、日本……フロリダ時代は出張の連続で、オフィスには一年の半分いたかどうか。

「ハーイ、ストレンジャー」

と同僚に声をかけられ、言葉どおりに解釈してムカッとしたこともある。実際には、「遠いところからお帰りなさい」という挨拶程度の言葉だったのだが。とにかくそれくらい出張が多かった。

それでも世界中に散らばる仕事のパートナーやマーケットすべてに出張していたら体がいくつあっても足りない。必然的に、重要な案件を電話で話し合うことになる。これをカンファレンス・コールと言い、グローバル企業では常識である。複数の電話回線をつないで延々二時間、三時間と会議をおこない、あとで議事録だけをEメールでやりとりする方法である。

電話での会議の場合、一人が話しているあいだは他の人は黙って聞いていなければならないから、

「かえってコミュニケーションがうまくいくのさ」

などとジョークめかして言う同僚もいた。その他、アメリカではすでにコンピュータを使ったネットワーク・ミーティングが一般的だ。

電話会議やネットワーク・ミーティングは意志を言葉で伝えるしか手がないから、言葉そのものの表現力、理解力がポイントになってくる。勤務評価のやり取りを見てもわかるように、アメリカ人は子供の頃から言葉で自己主張する訓練を積んでいるし、担当

マネージャーが一人でビジネスの決断ができる仕組みだから、このような会議形態にはまことに向いている。

日本には重要なことは会って決める習慣がまだまだ根強く残っているようである。これらの新しい会議形態は「言わぬが花」の日本文化にはなじみにくいし、日本人はビジネスの決断を一人でおこなわないから、なかなか普及しないのかもしれない。

私はたった一人で世界中を飛び回り、世界各国のビジネスパートナーと電話で物事を決めてきた。だから、アメリカの生産性が世界一というのも納得できる。

ただ、もう一つ、この背景にはビジネス社会の共通語としての英語の存在がある。アメリカ人はヨーロッパであれアジアであれ、どんな国の人とも自国語で話ができるのだ。アメリカ人にとって、これは最大の武器なのである。

癖のある英語　Heavy Accent

アメリカで仕事をしている場合、単純に英語力の問題で話が通じないなら心配はいらない。わからないと言えば教えてもらえるし、相手がわからないと言うなら、もっと別の言い方を探せばいい。

英語で困ったのは、マレーシアやオーストラリア、アイルランドといった国々での会議である。

用法も発音も、

「これってほんとうに英語?」

と思うほど癖のある英語で、理解できずにいつも冷や汗をかかされた。

とくにアイルランド人の英語は極端に早い。会議ではわからないままでいるわけにはいかないから、

「Please, speak slowly.　ゆっくり話して」

と頼んでも、いつのまにかまた早口に戻っている。

それでも慣れるにつれて、独特の英語になんともいえない味わいを感じるようになる

から不思議なものだ。日本のお国訛りと同じである。もちろん私も癖のある英語を話していたに決まっているが、私の同僚も部下もジェントルで、わからないと言われたことはない。内心ヒヤヒヤしながら、なんとか理解すべく努力してくれていたにちがいない。

第4章

アメリカで暮らす——たった一人で

“An eighty-five year-old-woman from New York city learns how to drive in Florida.”

“Why do they need to learn driving after having become that old?”

“Some of them are snow birds. Others are retired and move down to the South. They have never driven in New York city. Now they must drive here.”

銀行口座の開設

職場のあるフロリダ州フォート・ローダデールはマイアミに近い人口十五万人ほどの美しいビーチタウンである。日本人はほとんどいない。ここで生活の足場を固めるために、しなければならないことはウンザリするほどあった。

なかでも急を要するのが、会社が指定する銀行に*チェッキングアカウント（当座預金口座）を開設すること。家賃や電話代をはじめ、スーパーマーケットやドラッグストア、酒屋の支払いにいたるまで、ほとんどを小切手かクレジットカードですませるアメリカでは、チェッキングアカウントがなければ生活できないのだ。

開設の手続きは問題もなく進んだ。銀行で身分証明書を提示し必要書類に記入したのち、多少のドルを預け入れるとその場で仮小切手帳が発行される。二〜三週間後には私の名前と住所が印刷された小切手帳が送られる、と説明を受けた。

と、そこで問題が起こった。

持っているクレジットカードの種類を聞かれ、日本で使っていたVISA、MASTER、AMEXを提示すると、

「観光旅行なら日本で発行されたクレジットカードも使えますが、生活する場合にはアメリカ発行のカードが必要です」

と言う。

「まあ、アメリカの会社のカードなのに」

と、小声で文句を言いながら、その場でカード発行のための手続きをすませた。


一週間後、カード会社から次のような手紙が来た。

「We are very sorry to inform you…　残念ですが、このたびのあなたのカード発行のご依頼には応じられませんので、悪しからず」

「は?」

理由はひとことも書かれていない。いったい何だっていうの？　すぐに銀行に問い合わせた。

「Credibility（信用度）が十分ではないのかもしれません」

日本で発行されたものだが、二十年近く利用しているし、もちろん一度の事故も起こしていない。しかも、就任したばかりとはいえ、現在はアメリカの大企業の部長という地位にあるのである。憤然として、クレジット会社に電話をかけると、

「アメリカではクレジットによる取引のすべてがクレジットビューロー（民間の信用調査機関）に記録され、実績となります。アメリカ系のクレジットカードでも、日本での取引はカウントされません」

と言うではないか。

そして確かに、私は他のカード会社からもことごとく断られたのである。

「アメリカでは今の仕事が将来的にも保証されているとはかぎらないから、勤めている会社の名前やポジション、年収で信用をはかることはしない。クレジットカードをつくるときは、過去の実績がすべてなんだよ」

後日アメリカ人の友人にそう教えてもらったが、だからといってクレジットカードなしで生活することはできない。

アメリカではホテルや飛行機、レンタカーなどの予約時に必ずクレジットカードの番号を聞かれるのが常で、なければ受けつけてもらえない。一〇〇ドル以上の商品を現金で購入しようとすれば、それだけで不審人物ではないかと疑われたりもする。「クレジットカードがない＝信用ができない」を意味するのだ。

困って勤務先の人事課に相談すると、

「ひとまず労働組合（モトローラユニオン）発行のクレジットカードをお使いなさい。一年もたてば、きっとあらゆるクレジット会社から入会を勧められますよ」

担当者はそう言って、カード発行の手続きをしてくれた。ようやくカードを手に入れてホッとしたものの、アメリカ社会に「信用できない」と拒絶されたようで、気分がひどく滅入った。

断られたのはクレジット・カードだけではない。デパートのメンバーズカードでも同じだった。

こうして二度三度と同じことがくり返され、そのたびに日本は日本、アメリカではまたゼロからのスタートなのだとつくづく思い知らされた。

断られるのにも慣れた頃、同じデパートから再び勧誘された。

「何回も申し込んだけど、どこでも拒否されちゃうのよ」

と断ると、

「もう大丈夫。今度こそメンバーになれますよ」

と言う。

ダメでもともと、と申込書を提出したら、二週間後カードが送られてきた。そのときのうれしかったこと。たかがカード、されどカード。私にとってはアメリカ社会に受け入れられたあかしのように思えたのである。

右折

クレジットカードと並んで、アメリカでどうしても必要なのが運転免許証である。どこにでも電車やバスで行かれる日本の都会とちがって、アメリカでは車がなければ歩けないのと同じだ。ボブが滞在しているあいだは送り迎えをしてもらえるが、帰ってしまえば通勤にさえ不自由する。その前にとにかく一日も早く免許を取らなければならなかった。

アメリカでは、車の運転は教習所ではなく個人でインストラクターに習うのが一般的だ。

ボブに習うという手もあったが、

「そんなことをしたら離婚になる」

と、同僚に止められた。

かわりにインストラクターとして紹介されたのがアート。年は四十五歳ぐらいだろうか。ガッチリとした黒人男性で、とてもフレンドリーな笑顔が印象的だった。

自己紹介のあと、さっそく練習を開始。なにしろ私には時間がないのだ。かんたんな説明を受けて、すぐに、

「じゃあ、実際に運転してみましょう」

ということになった。助手席にはさんざん乗ってきたが、自分で車を動かすのは生まれてはじめてである。おじけづいて、

「もう若くないから」

と尻込みすると、アートは、

「フロリダには定年退職した人がおおぜい移住してきます。七十歳になるまで運転をしたことのない人もたくさんいて、私は毎日のようにそういう老人に運転を教えているんですよ。絶対運転できるようになりますから」

と励ましてくれた。言葉どおり、アートは本当に優秀なインストラクターだった。生徒を叱りつけて必要以上に緊張させるようなことはなく、いつでも自信を与えてくれた。上達が遅いのは悩みのタネだったが、おかげで練習がつらいと思ったことは一度もなか

った。

そんなふうにして、一時間ずつの練習を毎日続けた。その四日目か五日目かだったと思う。並行に置いたバーに触れないように直進する練習をすることになった。

アートは練習に使うバーを車のトランクから取り出し、セットをはじめた。私も手伝った。すると、彼は一瞬手を止めて私を見つめ、

「今までたくさんの人に運転を教えてきたけれど、手伝ってくれたのはカズコがはじめてだ」

と言った。私にとってはごく自然な行為だったし、そのときは彼の言葉がよく飲み込めなかった。だいぶたってから、アメリカでは他の国ほど先生やインストラクターの社会的地位が高くなく、しだいに敬意を示す習慣も薄らいでいることを知った。

また、雑談の中で私が「プエルトリコへの出張も多い」と言ったのを聞きつけて、アートはマイアミ空港までの高速道路を教習課程に盛り込んでくれた。通常は、十五分ほどのフォート・ローダデールの空港でいいのだが、プエルトリコへ行くときはマイアミ空港を使わなければならない。最も混雑する一時間十分もの道のりである。正直、私は

一度でこりごりしたが、責任感のあつい彼は二回もこのスリル満点の旅にチャレンジしてくれたのである。

アートのおかげで晴れて運転免許を取得し、いよいよ自分の運転で通勤する日がやってきた。とは言え、行きも帰りもボブが同乗してくれると言う。私の運動神経が人一倍にぶいことをよく知っているので、当人以上に緊張していたようだ。それから毎日、本当に辛抱強くつき合ってくれた。

日本に帰る日が近づいてきたある日、彼は私にこう言い渡した。

「絶対に左折しないこと」

当時住んでいたアパートは新興住宅地にあり、東西南北、碁盤の目のように道路が走っている。したがって、多少遠回りにはなるが右折だけで目的地に行くことができる。日本とは逆に、車が右側通行のアメリカでは左折は要注意。私たちの地区の車道はとりわけ車の行き来が多く、オフィスからの帰りは信号がないのでさらに危険である。ボブは、私の運転ぶりから「左折は無理」と判断したらしい。以来、会社はもちろん、スーパーや郵便局、銀行、クリーニング屋、美容院まで、すべて右回りだけで行けるように何度も練習した。ボブが帰ったら一人で運転するしかない。必死だった。

そして、私はこの教えを忠実に実行した。そのうちにみんなにバレてしまい、「車は左折もできるって知ってる？　それともカズコのトヨタは右回りしかできないように作られているのかな？」などとからかわれたりした。

名誉挽回のために追記すると、この右回りのプラクティスは最初の六ヶ月だけ。その後は、もちろん左回りもクリアし、空港からレンタカーを駆って、各州の工場への出張へも出かけた。アメリカの生活に慣れるとともに、一人前のドライバーに成長したのである。

ハリケーン・アンドリュー

「ニュースを見ているか？」

八月の土曜日の夜、部下のマーティンから電話がかかってきた。フロリダに赴任して二ヶ月ほどあまり、ボブが帰国して一人暮らしを始めたばかりだった。

休日に突然電話がかかってくるなどよっぽどのことだ。何ごとが起こったのかと思いながら、

「いいえ、見てないけど」

と答えると、

「明日の夜、とても大きな*ハリケーンが来る。やかんやバスタブに水を貯めておいた方がいい。電気が止まるかもしれないから、ロウソクと乾電池も必要だよ」

あわててテレビをつけてみると、なるほどフロリダ半島上陸が予想されるハリケーンの話題でもちきりである。まだ雨や風の気配もないが、ハリケーンとはどれほどのものなのか見当もつかない。台風とはどうちがうのだろう。

翌朝目を覚ますとふだんと変わりない夏の日差しが照りつけている。とりあえずいつものように教会に行ってみた。何か情報が得られるかもしれないと思ったのだ。

ところがいつもなら満員のはずの教会に、その日にかぎって数えるほどしかいない。

「ただならぬことが起こるのだ」

とはじめて実感した。

「とても大きいハリケーンが来るようです。地域住民の無事を祈りましょう」

牧師さんの言葉にも緊迫した響きが感じられた。礼拝が終わると、人々はすぐに家路へと急いだ。


アメリカのグローサリーストア（食料雑貨品店）は、日本では想像もできないほど巨大だ。まるで体育館のような店内には、圧倒的に豊富な品数と量の食料が棚からこぼれ落ちそうに並んでいる。……いつもなら。

この日、教会の帰りに寄ったグローサリーストアには、みごとなくらい何もなかった。何もかも売り切れ。

次の店でも同じ。

三軒目に*シアーズに行って、現実を悟った。ハリケーンに備えて、みんな買いだめしているのだ。結局何も買えずに家に戻り、次第に暗くなる空をながめながら知り合いのエモリーに電話をした。彼は日本モトローラにいたときに知り合ったページャー事業部門の事業部長で、最近フロリダのＰＨＳ事業部に移ってきていた。

「ロウソクも乾電池も買えなかったけど、大丈夫かしら」

「今度のハリケーンはとても大きいんだよ。今すぐうちに泊まりにきなさい」

親切にそう言ってくれたが、ハリケーンくらいでいちいちよその家にやっかいになるようで、これからとても一人で暮らしていけまい。勇気をふるって断った。

「じゃあ、今日は窓のある部屋で寝ないように。窓が割れることもあるからね」

「窓のない部屋なんてないわ」

「クローゼットはどうだい」

三十分後、エモリーの娘のバーバラがロウソクとバッテリーを持ってきてくれた。エモリーはこれから中国出張に出かけるらしい。

「高速道路は、北へ避難する人ですごく混んでて、オーランド空港までかなり時間がかかりそうなの」

とバーバラは言っていた。

彼のアドバイスどおり、その晩はクローゼットの中で毛布にくるまり丸くなって眠った。前の晩に寝不足だったせいか、いつのまにか熟睡していた。ガタガタいう音が遠くに聞こえるだけで、外の様子はまったくわからなかった。

「あの夜をたった一人で過ごしたなんて、カズコはなんて勇敢なんだ!」

みんなそう言ってほめてくれる。その話題のぬしこそ、かのハリケーン・アンドリューである。この巨大ハリケーンは、一九九二年八月二十四日早朝、フロリダ州マイアミ南部を直撃した。ここ百年で三番目の威力をもつと言われるアンドリューは、四三〇平方キロメートルを壊滅させ、三〇〇億ドルを越す最悪の被害を与えた。被害の保障によってアメリカの保険会社が八社も倒産した話は、今でも語り草になっているほどである。

幸いにも私の住んでいたマイアミ北部にはたいした被害はなかったが、それでも根こそぎ倒された街路樹と、どこから飛んできたのか、ありとあらゆる物が大量に散乱している道路の状況を見れば、アンドリューのパワーは一目瞭然と言えた。

その日から一週間、モトローラの業務は大幅にスローダウンした。フォート・ローダデールの被害は小さかったが、何よりも、社員たちが仕事よりもっと重要な「任務」についていたからだ。彼らは買いだめしていた食料や水をロビーに山積みし、被災地に運ぶボランティアとして奔走していた。会社が、無線機やページャー、携帯電話を無料で被災地に貸し出したのは言うまでもない。

家を買う

最初の家を買ったのは、フロリダに赴任して三ヶ月目のこと。

私が日本に帰りたいと言い出すのを心配して、ボブが急いだのだ。もともとアメリカ

に住み着きたいボブのこと、家があれば私がそうかんたんには音を上げないと思ったのだろう。確かに、うれしいというより、

「ああ、これでもう逃げられないな」

と観念せざるをえない気持ちだった。

会社から車で十五分。敷地は二五〇坪で落ちついた住宅地にあり、裏庭にはプール、人工池まで備えている。日本ならまちがいなく土地の大きさだけで豪邸の部類だ。当時のアメリカ人の平均年収が約三万五千ドルだったから、こちらでもまああの家だったのではないだろうか。

しかし暮らしを楽しむ余裕はまったくなかった。仕事が終わって家に帰り、プールサイドでワインを飲む。はた目には優雅に見える日々も、本当は、緊張で疲れ切って食事をつくる気力もなかっただけのつらい思い出である。

それでも、水のある風景は人の心を和ませる。この家でそれを知った私たちは、のちのシカゴでもレイク・ズーリック（Lake Zurich）という池のほとりに住んだ。ディズ

ニーワールドにあるおとぎの家のように可愛らしい家だった。

最後に買った*オースティンの家もまた、大きなレイク・トラヴィス（Lake Travis）に面している。湖の遠く向こう側には小高い丘が続いていて、牧場の馬や牛がときどき水を飲みにきているのが見える。その家のドアをはじめて開けたとき、居間の大きな窓ごしに湖の青が一瞬にして視界に広がった。あまりの美しさにボブと二人、言葉を失った。

本当の意味でアメリカでの生活を楽しめるようになったのは、この家に住むようになってからだ。

楽しむと言っても、職場には車で四十分かかり、近くには何もない。サンセットまで刻々と移り変わる空と湖の色を眺める——ただただそれだけである。なのにまったく飽きない。

引退したら、私たちはこの家に住むと決めている。日本にいるあいだは、カギは信頼できる友人に預けてある。それまでは

テキサス州オースティンの家の全景。すぐ裏手には美しい水をたたえたレイク・トラヴィスが広がる。牧場やゴルフ場も多く、豊かな自然が心を癒してくれる。

どこに住んでも仮の宿りだと思っている。

犯罪大国

一人で車を運転するようになって、私はふと日本の初心者マークを思い出した。私が初心者だということを知れば、アメリカのドライバーも多少は注意深く、そして寛大になってくれるかもしれない。しかし、なぜかアメリカには初心者マークというものがない。なければ作るしかないが、もちろん日本の若葉マークを車に貼っても仕方がない。

そこで、

「CAUTION! NEW DRIVER STAY AWAY PLEASE」

ワープロでこう打ち出し、コピー機で拡大してリヤーウインドウに貼ることにした。なんていいアイデアなんだろう！　自分の思いつきに気をよくし、コピーを手にオフィスの廊下を歩いていると、同僚のトニーとすれちがった。

「カズコ、何を持っているの」

と聞かれた。自分のアイディアを自慢げに説明すると、彼は即座に言った。

「ノー。そんなことをしてはだめだ」

「どうして?」

「かえって災難を招くようなものだよ。少しでも弱みを見せると、それにつけ込んで悪いことをしかけてくる者が必ずいるんだ」

オンボロ車でわざと接触事故を起こして、法外な修理代金をふっかけるような事件がよくあるのだという。とくに土地カンのないレンタカーの旅行者などが被害にあいやすいので、車体からロゴを取って貸し出すレンタカー会社まであるくらいだ。

他人に弱みを見せてはいけない社会——それもアメリカの一面なのだ。

アメリカに赴任する前に最も心配していたことの一つは治安である。とくにフロリダは、アメリカでも犯罪発生率が高い州だと聞かされていたから、一人暮らしへの不安は大きかった。

フロリダで家を買ったばかりの頃、寝ついたところを防犯ベルがいきなりけたたましく鳴り出した。

ボブが日本に帰ったばかりで緊張していたのだろう。決死の覚悟でキッチンへ駆け込み、自衛のために包丁を握りしめた。そのまましばらく息をひそめていたが、何も起こる気配はない。やめておけばいいものを、大胆にも家の外を点検してみることにした。包丁を固く握りしめ、植え込みからプールサイドの死角まであらゆる物かげをのぞいてみた。何もない。

ところが家に入ってしばらくすると、今度は玄関のベルが鳴った。

足はガクガク、口から心臓が飛び出しそうである。なんとかのどをふりしぼって言葉を発した。

「誰？」

「警察です」

買ったばかりでうっかりしていたが、この家のセキュリティシステムは防犯ベルが鳴ると警察が来てくれる仕組みだった。

ホッとしてドアを開けたとたん、警官がサッと銃をかまえた。

それも私に向かって……。

なんと私は包丁をしっかり手に握ったまま、しかも刃先を警官に向けていたのである。

結局、そのときの防犯ベルは強く吹いていた風に反応したのだという話に落ち着いた。

「包丁なんて持っていてはいけない」

「ベルが鳴ったら家の中にいなくてはだめだ」

その後だいぶお説教をされたが、つくづく無事でよかったと思う。


アメリカでは危険な地域とそうでない地域とが歴然と分かれている。

普通のサラリーマンであっても、出世して所得が増えれば住む場所を変え、自分と同レベルのコミュニティ（地域）に新たに入っていくのが不文律だ。順調に出世するサラリーマンなら、そうやって生涯に四、五回は住む地域を変える。逆に学歴も所得もない人ばかりが住む地域も確実に存在する。彼らがそのコミュニティを離れるのは現実的にむずかしく、生涯そこに住み続けるケースも多い。

それがいわゆる危険な地域である。

アメリカではずっと中流以上のコミュニティに住んでいたため、そういう意味では、結局一度も危険な目にあうことはなかった。日本に帰ってきてみて、アメリカで私が身を置いていたコミュニティは日本よりよほど安全だったのではないかと思うくらいだ。

たぶん私たち日本人がアメリカで暮らす場合の「危険」は、安全なコミュニティに所属するだけの経済力がない場合に深刻なのではないだろうか。ネイティブでないと、アメリカの危険ゾーンで生き残る方法がわからないからだ。

フロリダに住んでいた頃、いつもは高速を使うマイアミ空港までの道を、気まぐれで下を走ってみたことがある。ふと気がつくと、質屋とポンコツ車ばかりが目立つ*ダウンタウンに入り込んでいた。路上の人の群れがみんな私たちを見ているような気がして、赤信号で止まるたびに生きた心地がしなかった。

私のまったく知らないアメリカが、確かに存在していたのである。

アメリカの豊かさ

アメリカへの赴任を承諾してから、会社側とさまざまな条件について話し合った。おおよそスムーズに進んだが、唯一、給与額を提示されたときは驚いた。円に換算すると、それまで日本モトローラでもらっていた給与の額面をはるかに下回ってしまうのだ。日本モトローラでは課長だったが、アメリカへは部長として赴任する。昇進するのに給与が下がるとはどういうことなのか。

説明を求めると、

「世界中に事業部があるモトローラでは、給与のグレードは各国とも共通です。同じ課長級であれば、日本でもヨーロッパでも同じ給与グレードだが、物価や生活水準のちがいによって、昇進しても見かけの額面が下がってしまうようなことも起こりうるんです」

とのこと。さらに、

「心配はいりません。アメリカでは日本よりはるかに少ない生活費で、ずっと豊かな生活ができるはずですよ」

と言う。なんだか釈然としなかったが、きまりとあらば黙るしかなかった。

しかし、実際にアメリカで生活してみて、その言葉が嘘でないことがわかった。

一九九二年当時、為替レートは一ドル＝一二五円くらい。一年後には一一〇円の円高になったと記憶しているが、生活実感からすれば一ドル＝二〇〇円以上。アメリカの物価は予想以上に安かったのだ。

たとえばアメリカでは日本よりはるかに安く車に乗ることができる。ガソリンは一ガロン（約四リットル）一ドル五十セント。原油の高騰により一五〇パーセント値上げをした今でも、日本の三分の一程度の値段だ。ハイウェイは基本的に無料で、有料道路も数十セント。ダウンタウン以外はどこにでも訪問者用の無料駐車場があるし、飛行場の駐車場は長時間料金で一日六ドルである。

日用品は、どこで買うか、またどのくらいの量を買うかによってだいぶ値段がちがってくるが、食料品に限れば、明らかに日本より格段に安い。ときどき利用していたSAMというスーパーディスカウントストアでは、コーラ三五〇ミリリットル二十四缶入りが六・五九ドルだった。こういう店で大量に仕入れれば、ホームパーティも手軽にできる。

ちなみに私の誕生日は七月四日、アメリカの独立記念日である。独立記念日には家族や友人が集まってバーベキューパーティをするのが恒例になっている。結婚二十五周年にあたる二〇〇〇年の誕生日には教会のメンバーを招待し、自宅の庭でバーベキューパーティを開いた。子供を含めて五十数名の人を招待したが、費用は飲み物やデザートまですべて含めて、たった二〇〇ドルしかかからなかった。

サービス料金を見ると、わが家の電気代は月平均一五〇〜二〇〇ドル。高いようだが、日本の一戸建てのゆうに五〜六倍の広さがあり、しかもすべての部屋がセントラル・ヒーティングで一年中二十一度の快適温度を保っている。ほかにも台所のレンジや庭のスプリンクラー、外灯、ガレージのオートドアまですべて電動なのだから、日本とは比較にならないくらい安いのである。その他、クリーニング代がスーツ一着八ドル、かなりハイセンスなヘアサロンのカット&パーマで八十ドルといったところだ。

私たちが住み替えた三軒の家にしても、日本なら億がつくのはまちがいない。手に入れるのはまず不可能な値段である。

ただ、誤解のないように言えば、アメリカの平均的サラリーマンの年収は日本よりずっと低い。みんなが、日本人がイメージするような「豊かな生活」をしているわけではないのである。

二〇〇一年、日本に帰ってきて年俸が円建てになった。額面の給与は同じだが、とくに最近の円安で、アメリカドルに換算すると非常に目減りしてしまった。相変わらず日本での暮らしは苦しい。家は狭く何もかもが高い、というのが正直な感想である。

遠距離結婚

家族第一主義のアメリカには、単身赴任という概念自体がない。

一人暮らしをしていることを話すと例外なく、

「独身なの？」

「ダンナさんは？」

結婚していると言うと、

「離婚するの？」

「寂しくないの？」

「どうして耐えられるの？」

何度同じ質問をされたかわからない。カップル単位で行動するのが一般的なアメリカでは、私のような立場の人間は肩身が狭い。夫が一緒であれば呼んでもらえるはずのパーティにも、一人だという理由で招待されなかったし、もちろん独身の*ソサエティにもお呼びはかからない。夫婦ならつき合いも広がったはずのアメリカで、私はある意味、仲間はずれだった。自分で選んだこととはいえ、寂しくなると電話で夫に当たった。

とは言えアメリカが大好きなボブは、仕事の都合をつけてはよくアメリカに来ていた。アメリカに二週間滞在しては日本に帰り、その二ヶ月後にまた来るといった具合である。たぶん彼としては、私のいるアメリカを本拠にして日本に出かけているつもりだったのだろうと思う。滞在期間を数えてみれば、アメリカ生活の少なくとも四分の一はボブと一緒だった計算になる。

東京とアメリカとに離れているときも、ボブとは頻繁に連絡を取り合った。電話で彼の声を聞くことで、どれほど救われただろう。そのとき抱えている問題が大きければ毎日電話をしたし、平穏無事な日が続けば数日置きにEメールを書いた。仕事のぐちにも励ましと的確なアドバイスが返ってきた。あの頃の私たちには、一緒に暮らしている夫婦よりもずっと密度の濃いコミュニケーションがあったのではないかと思う。

さて、日本に帰ってきてごく普通の夫婦に戻れたと思ったのもつかのま、最近ボブが単身赴任になった。今度は東京―大阪間なので、時差がないのが救いである。

神様が恋人

アメリカという国に住んで仕事をするには、意識して自分の強い部分だけをことさらに前面に出していく必要がある。もちろん実力に裏打ちされたものでなければ続かないが、そうしてでき上がるイメージ、虚像も非常に大切なのだ。実際、私もそうしてきた。しかし、等身大の私はいつも仕事と仕事上の人間関係に悩み、しかも自分と同じような境遇の人がまわりにいないために、話を聞いてもらうことも学ぶこともできなかった。

しかし、幸いなことに私はクリスチャンである。これは、アメリカで暮らしていくにはとてもラッキーなことだった。異国では、信仰をもつかもたないかで孤独感がずいぶんちがう。

仕事が終わって家に帰っても、私はたいがい一人であり、寂しいにはちがいなかったが、クリスチャンとしていただいたこの時間は祝福だったと思える。アメリカにいるあいだ、私にとって神様は恋人だった。一人でいると神様の存在がとても近しくリアルに感じられた。神様のことをもっと知りたいと思えば、時間もふんだんにあった。そうして、私は聖書に書かれている「バプテスト」「正義」「フェローシップ」に対する理解を深めていったのである。

信仰の仲間とはさまざまな交流があった。

日曜の礼拝のほかに週に一度、ウィークディの夜に五～十人のグループで*バイブル・スタディをおこなう。ここでビジネスの世界では決して出会うことのできなかったジェイやテッド、ジェイムスのような人たちと友人になることができた。彼らはオーナー社長でありながら、立派にビジネスと私生活のバランスを取っている。パイロットのドルー、学校の先生のビル、デル・コンピュータに勤める会計士のマーガレットといったさまざまな職業の人たちと知り合ったのも、この会である。

シカゴではエグゼクティブ・ウーマンの*ホームグループにも入った。仕事と*MBA取得が重なって精神的にも肉体的にもきつい時期に、働く女性ならではの悩みを共有する彼女たちと話をし、祈ってもらうことがどれほど救いになったかしれない。ビジネスの出張先での健康のことが主だったが、あるとき私の心中を察して、

「カズコが早くボブと一緒に暮らせるように」

ジェイ一家から届いたクリスマスカード。信仰を通じて知り合った友人とは家族ぐるみのつき合い。

と祈ってくれた。心に残る思い出である。

シカゴなどの都会では、日本大使館の主催でアメリカに赴任している日本人を対象にしたパーティーがよく開かれる。私も誘われることはあったが、結局一度も出席することはなかった。私には教会があったからだ。日本人が集まるパーティーより、信仰仲間と過ごす時間に安らぎを感じていた。

日本とアメリカの文化のギャップやとまどいを、教会の仲間たちとの交流で感じたことは一度もない。文化も人種も越えた彼らとのつながりがなければ、アメリカでサバイバルできなかったのではないかと思う。

日本に帰ってくるとき、教会音楽のＣＤをプレゼントされた。最近は日本でも人気があるようだが、驚くようなビートの利いたゴスペル（マット・レッドマン、ションダ・ピアス）ばかりが入ったＣＤである。毎朝出勤前に聞いてみんなの顔を思い浮かべ、元気をもらっている。

チェッキングアカウント　Checking Account

アメリカの銀行口座は、このチェッキングアカウントと、セイビングアカウント（Savings Account／普通預金口座）がある。チェックングアカウントを開設すると、チェックブックというパーソナルチェック（小切手）がついてくる。

ハリケーン　Hurricane

北大西洋および北太平洋東部で発生する発達した熱帯低気圧。性質は台風と同じである。ハリケーンの多くは小型だが、大型のものが、メキシコ湾沿岸に上陸すると甚大な被害が出る。

シアーズ　SEARS

全米に店舗を展開するデパートチェーンで、自動車の整備道具や大型電気製品なども扱っている。中～下層の消費者を対象としている。

オースティン　Austin

テキラス州中央部にある同州の州都。牧牛、酪農、綿花栽培などが盛んなほか、高等教育機関が集まる教育都市でもある。近年、サンノゼに次ぐＩＴ産業の中心地になっている。

ダウンタウン　Downtown

日本語で言う所の商業・オフィス中心側のこと。逆がアップタウン（Uptown／山の手）で、住宅地をあらわすことも多い。一般にダウンタウンの方が治安が悪い。

ソサエティ　Society

直訳すれば社交界や交際などの意味。

バイブル・スタディ　Bible Study

直訳すれば聖書研究。聖書の言葉の意味や解釈などを探究する。教会メンバーの有志が集まって信仰を深める集い。

ホームグループ　Homegroup

信仰を共有する人たちが、年齢や職業などのカテゴリーに分かれて集まる少人数の集まり。バイブルスタディと同様の集い。

ＭＢＡ

「Mater of Business Administration」の略で、大学院（ビジネススクール）で経営学の修士課程を修了したものに与えられる資格。アメリカではＭＢＡがないと、企業の経営にタッチすることはむずかしい。

第5章

アメリカ人の外側

Wouldn't it be great if we could find the man of our dreams while we are still awake?

自由　Be yourself

はじめのうち、私はオフィスはもちろん、オフタイムでも必ずストッキングとスラックスを重ねてはいていた。真夏のフロリダでである。四十歳を過ぎた女性がやたらと肌を見せるべきではないと思っていたし、ストッキングにいたってはとにかくはかなければいけないと信じ込んでいたのだ。よくよく考えてみれば「日本ではみんなそうだから」という以外に理由は見つからない。

ところが、半年もしないうちに、素足にショートパンツでどこにでも出かけていくようになった。アメリカでは、「年齢相応」の服装など、誰も期待していない。誰の目を意識するわけでもなく、ただ暑いから素足になりショートパンツをはくのである。気候を考えれば当たり前のことだが、高温多湿の日本ではなぜかひんしゅくを買ってしまう。

一方で、年に一度か二度日本に帰ってくるたびに驚いたのが、若い女性のヘアスタイルだ。みんな一様に見える。次に帰ってくると、みんなまた新しいスタイルになっており、いったい誰が誰だかわからない。日本にいた頃は、私もたぶん当たり前のようにみんなと同じスタイルをしていたのかもしれないが、アメリカでの暮らしに慣れてみると異様に見える。

日本では目立たないように人と同じであろうとするか、目立つために人とちがっていようとする。どちらにしても他人を意識して自分のあり方を決めるという点では同じだ。最近の髪を染めるファッションも、みんな茶髪となると、意外に目立たないものだ。その点、一人ひとりがもともと髪の色も目の色も文化すらもちがうアメリカでは、目立つためにであろうと目立たないためにであろうと、とにかくみんな同じになることはありえない。

そういう意味で、アメリカ人は押しつけを極端に嫌う。それだけに周囲から役割を強制されることの少ない社会だと思う。ファッションですら、日本やヨーロッパでの流行など全然気にもとめていないように見えるくらいである。流行に敏感な日本の友人は、「アメリカ人はファッション・オンチだから」などと悪口を言うが、私には、「自分が自分のままでいられる」自由がある数少ない国のように思えるのである。

衣か住か Fashion

その友人、ユウコがアメリカに来たときのこと。

「この国は、おしゃれのしがいがないわ」

と言う。ニューヨークの五番街へでも行けばともかく、ふつうの町では、ブランドだの何だのとこだわりをもって装ったところで、誰も理解してくれないというのだ。

確かに日本やヨーロッパに比べて、アメリカはファッションの面ではかなり遅れている。というかあまり関心がない。億万長者が平気でローレックスのニセモノを身につけ、外国でどれだけ安く買ったかを自慢するようなお国柄だ。日本やヨーロッパ、ラテンアメリカのように、社会的地位が高ければそれ相応のものを身につけるという発想がまったくないのである。

ビジネスシーンでもそれは同じで、エグゼクティブが身につけているスーツもペラペラの安物。カルバン・クライン、ラルフ・ローレン、ダナ・キャランなど、アメリカのビジネスマン御用達のブランドはあるにはあるが、着ている人は全体から見ればごく小数。オフィスの廊下ですれちがっても、外見からはとてもエグゼクティブには見えない。私はサイズの問題もあって職場に着ていく服をすべて日本で購入していたので、いきおいどのアメリカ人マネージャーよりも値段も質もいいものを身につけることになってしまった。

かわりにアメリカ人がこだわるのは、なんといっても家である。

前にも書いたが、アメリカでは住所を聞いただけで、その人の社会的地位がわかる。高級住宅地にある豪邸に招待され、ヨレヨレのTシャツ姿の主人にドアを開けてもらう——アメリカではよくある光景だ。

道を聞く

泥棒を追いかけていた警官が、たまたま通りがかった三人のアメリカ人に「どっちに逃げた？」と聞いた。すると三人が三人ともちがう方向を指さした。すると警官は、誰も指ささない方向に走っていった。

アメリカに昔からある有名な小話の一つである。

実際アメリカ人に道を聞いて、「知らない」と言われることはない。知らなくても教えてくれるのがアメリカ人である。どうして「知らない」と言わないのか。ボブと話していて二つの理由があるのではないかということになった。

一つ目は、「教えてあげたい」という親切な気持ちが強いから。

二つ目は、「アイアムソーリー」と同じくらい「アイドントノー」と言うのがキライだから……。

知り合いの日本人駐在員の橋本さんは、娘さんを日本人学校ではなく現地の小学校に通わせている。あるとき、橋本さんがテストの点のことで娘さんを叱った。すると、「できないのは自分のせいではなく、先生の教え方が悪いせいだ」と理路整然と主張したという。

橋本さんは、

「うちの子は完全にアメリカ人ですよ」

と苦笑していたが、それほどアメリカ人はアイムソーリーと言わない。なぜそうなってしまったのか、それも自分がなぜ悪くないのかをとうとうと述べる。一方、言いわけせずに謝ることを美徳とし、謝ればたいがいのことは許してもらえるのが日本だ。アメリカ人が謝らないのは、謝罪すれば、必ず、そこに賠償や、つぐないのためのアクションが必要になるからである。だから、よく言えば慎重。悪く言えばなかなか非を認めない。その一方で、人間は過ちをおかすものであるとも考えている。だから、敗者復活戦を用意する。

ハワイ沖で起こったえひめ丸の沈没事故のおり、「アメリカはどうして謝らないのか」

という日本側と、「いったいどれだけ謝れば気がすむのか」というアメリカ側の感情の行きちがいが世論を賑わせた。謝罪に対する日米の文化のちがいが浮き彫りになったケースだと思う。

アメリカは具体的なつぐないで気持ちを表そうとする。日本は謝意を言葉であらわしてほしいと願う。ここにも、二つの土俵が見て取れる。まったくちがった考えに立ってコミュニケーションしようとしたところで解決には至らず、不毛な誤解が生じるだけなのだが。

ユーモアのセンス

アメリカ映画のヒーローは、ジョークがうまい。スタンドの新聞売りのおじさんやウェイトレスに、ポーカーフェイスでひとことふたこと声をかけては笑わせる。絶体絶命の危機に陥っているときでさえ決してユーモアを忘れない。

あれは映画の中だけの話ではない。通りすがりの人とちょっとした言葉を交わし合い、楽しもうとするのがアメリカ人だ。

混雑した空港のカウンターでチェックインするときでも、気の利いた会話で係員をクスッと笑わせることができれば、ぐっとサービスがよくなる。レストランでも、ウェイトレスにユーモアのある対応ができれば、チップ分＋αのサービスが返ってくる。

事実、アメリカではお金よりユーモアのセンスのあるなしで人間のレベルを判断するようなところさえある。気の利いた会話ができる男性は尊敬されるし、逆に社会的な地位が高い人ほどユーモアのセンスが要求されるとも言える。気をつけて見ていると、ファーストクラスにチェックインするような人は確かにユーモアに富んでいることが多いようだ。

「出世して気持ちに余裕があるんじゃないの」

とボブは言うが、出世したからユーモアのある会話ができるようになったのか、ユーモアがあるから人に好かれて出世することができたのか、どちらも正しい答えにちがいない。

出世はともかく、よいサービスを受けられるにこしたことはない。私もそれに気づいてからは、できるかぎりユーモアのセンスを磨こうと心がけるようになった。ユーモアを期待されるのはどちらかと言えば男性だが、私のように一人で行動する女性にもおおいに役立つ。

ちなみにアメリカン・ジョークといえば、日本では面白くない冗談の代名詞。確かにヨーロッパのそれと比べて洗練されているとは言いがたく、またその必要もない。ごくたわいもない会話を交わすことで、お互いがほんの少しだけ楽しい気持ちになれる——その程度でいいのだ。

第6章 アメリカ人の内側

アメリカ流こそ世界のマイノリティ

センシティブ

フェアネスとモラル

性別と人種のマイノリティ

二十一世紀のアメリカ

In the name of God, Amen. We whose names are underwritten, by the loyal subjects of our dreadful sovereign Lord,…

アメリカ流こそ世界のマイノリティ

一六二〇年、自由の新天地を求めて一〇二名のピューリタンがメイフラワー号に乗り込んだ。目指すは新大陸である。彼らは大西洋を渡り、最初の定住を果たした。以来、移民たちが意志の力でつくり上げてきた、世界でも類を見ない成り立ちをもつ国、それがアメリカである。

日本の約二十五倍の国土、天然資源にも恵まれたアメリカは、世界のＧＮＰの四割強を一国で生み出している。ノーベル賞受賞者数をひきあいに出すまでもなく、世界で一番人材の豊富な国であることもまちがいない。その一方、アメリカは冷戦後唯一の大国として、「世界の警察」と称して世界中のあらゆるところに基地をもち、紛争地帯に兵を派遣してきた。

私自身、現在はアメリカ国民であり、好きなところもたくさんあるのだが、この国の欠陥は、他国の文化や価値観、習慣に興味や関心が少なく、自分たちの「正義」のものさしで世界を理解しようとする点である。そんなアメリカが世界に広めようとしているのは、もしかしたら*グローバリゼーションと称したアメリカナイゼーションなのではないか——そう思えてならない。

なぜなら十年近くアメリカに暮らし、また仕事で世界約三十ヶ国を訪問してきた私が見るかぎり、ビジネスの面でも文化の面でも、「アメリカ流」は世界のマイノリティだったからだ。

ごく身近な例をあげてみよう。

たとえば、アメリカ人といえば、個人主義で独立心旺盛というのが一般的なイメージだ。ところが私が観察したところによれば、彼らは旅行に出ると、まず「同じ乗り物の中にアメリカ人がいるかどうか」探すことにやっきになる。見つけるやいなや会話をはじめ、昔からの友人のごとく行動をともにする。ヨーロッパやラテンアメリカの人たちが、まず現地の人や自国以外の観光客と親しくなろうとするのとは対照的である。

また、アメリカのレストランで出す一皿の量も尋常ではない。私などはスープとパンにはじまり、サラダを食べ終わった頃にはすでに満腹。メインディッシュにはほとんど手をつけられない。食べ物を粗末にしないようにしつけられたので、これにはほとほと閉口した。しかし無理して食べてエアロビクスやダイエットクラスに通うことほど愚かなことはない、と思い直し、残すことに罪悪感をもたないよう自分に言い聞かせた。

さすがに体の大きいアメリカ人でも残さず食べる人は少ないと見え、残りものはdoggy bag（ドギーバッグ）に入れて持ち帰る習慣がある。しかしすべて食べ切る人もいるから、日本では考えられないような深刻な肥満も多いのだ。いろいろな国で食事をしたが、こんなにばかげた量を出す国はほかにはなかった。

センシティブ

アメリカに行ってすぐ、上司が英語の先生をつけてくれた。「英語ができるといってもしょせんは日本人。英語でトラブルを招いてはいけない」と思われたのだろう。

「カズコには英語の勉強は必要ない。それよりアメリカ人について理解を深める方がずっと大切だよ」

初回のレッスンのときに、当のベン先生はそう言ってくれた。TIEの学習法が功を奏し、英語そのものは合格点だったらしい。その言葉どおり、彼はアメリカ人とアメリカ文化についてさまざまな話を聞かせてくれ、実際どれほどその後の生活に役立ったことか。私がひんぱんに出張するため、結局二回しかレッスンを受けることができなかったのがとても残念だった。

とくに印象に残っているのは、

「アメリカ人は、カズコが思っているよりずっと繊細だよ」

というひとことである。

ときどき、

「いくらなんでもデリカシーに欠ける」

と思ってしまうくらい、明るくて屈託のないアメリカ人が「繊細」とは。

「繊細って、どんなふうに？」

「アメリカでは、たとえよく知らない人でも、会うのが二度目なら必ず挨拶をしなくてはいけない。モトローラの敷地内ではなおさらだよ」

そう言われても、なにしろ大学のキャンパスと見まがうばかりの広大な敷地である。守衛のいる門をくぐって自分のオフィスに入るまでに、毎朝いったい何人とすれちがっていることだろう。

「一度会った人の顔は覚えておかないといけないってこと？」

と、思わずバカな質問をしてしまう。

「だってカズコはマネージャーなんだから、それくらい気を使うのは当たり前のことだよ」

しかもマネージャーは部下に挨拶するだけではなく、必ず何かひとこと声をかけなければならないのだそうだ。

「お父さんはどう？」

「昨日の夜は何したの？」

「週末はどうだった?」

といった具合である。

そうでなければ、

「ボスは自分に対して何か不満があるのではないか」

と、部下が心配するというのだ。

昨日までと変わらず今日も良好な関係であることを、上司の方から言葉で示さなければならないということなのだろう。アメリカ人の夫婦は常に言葉で愛情を確認し合うが、それと根は同じかもしれない。

アドバイスに従って、できるだけ部下たちに話しかけてみた。すると、みんな嬉々として家族や週末の話をしてくれるではないか。これには驚いた。

これがもし日本だったらどうだろう。朝、上司に会うなり、

「奥さんはどう?」

などと聞かれたらぎょっとするのではないだろうか。

せいぜい、

「おかげさまで」

と答えるのが関の山である。

　前に、結婚していながら単身アメリカで暮らしているために、カップル単位のソサエティに入れてもらえないという話をしたが、その理由もアメリカ人ならではのセンシティブにあったように思う。カップル単位の集まりに一人暮らしの女性を入れて、万が一、他の夫婦の間に波風が立つようなことが起こってはならない……という配慮なのだ。日本人にはまだそこまでの危機管理の発想はない。三組に一組が離婚するアメリカでは、それだけEXTRAMARITAL RELATIONSHIPが多いということなのかもしれない。

フェアネスとモラル

　二回目のレッスンのとき、

「あなたの一番親しいアメリカ人の友だちが好きな言葉は?」

と質問された。

「フェアネス」

彼女の顔と一緒に、その言葉が頭に浮かんだ。ベン先生は、

「その友だち、典型的なアメリカ人だね」

とニッコリ笑った。

たいがいのアメリカ人は「You are not fair」と言われると、まるで「人でなし」と言われたかのような顔をする。何を批判されるよりも自尊心が傷つくのだろう。「人は生まれながらにして平等である」という建国の精神をひきあいに出すまでもなく、アメリカ人にとって「フェアネス」は最も大切な美徳なのだ。

ただしアメリカ人の「フェアネス」と、日本人やヨーロッパ人の「公平」には微妙なちがいがあるように思う。「何が真に公平なのか」を考えるとき、日本やヨーロッパでは状況や事実関係などあらゆるファクターから総合的な判断をくだす。長い歴史の中で「公平」という概念が思想や文化として洗練されてきた結果だろう。

それに比べてアメリカ人の発想にはあいまいさが見られない。フェアネスに関しても「黒いものは黒」「白いものは白」といった具合で、よくも悪くも非常に単純明快な判断をする。

アメリカ人の考える「フェアネス」を如実に物語るエピソードがある。

あるボランティアグループがスーパーの入り口でビラを配る許可をもらおうとしたが断られた。主旨が気に入らないとか、営業のじゃまだなどという理由ではない。「他のグループから同じような主旨で許可を求められたときに拒否できないから」というのである。ブッシュ対ゴアのアメリカ大統領選挙の開票結果に関して最高裁が示した判決の論理もほぼこれと同じだった。いわゆる「機会均等」である。

移民によって成り立ち、メルティングポットとかシチューポットなどと言われるほどの多民族国家であるアメリカでは、差別に関して非常にセンシティブだ。求職時に提出する履歴書には年齢・性別・人種はもちろん、未婚・既婚の別や家族構成すらも記載しないし、顔写真を貼ることもまずない。採用されるかどうかは応募者の経歴によってのみ判断されるという建前だ。

つい最近、マクドナルドで働いている*アフリカン・アメリカンの若者が、「従業員の人種比率に沿ったマネージャーへの登用がなされていない」と会社を訴え、膨大な和解金を勝ち取ったというニュースがあった。ある程度以上の規模の会社になれば人種・性別等に偏りがないよう人口比率に即して従業員を構成しなければならないし、昇進に関しても同じ。*大学の入学許可も同じ考え方で与えられている。


私自身がフェアネスを求められたのは、なんといっても勤務評価においてである。仕事のできる人にはそれなりの評価をすること。そしてできない人に過分な評価をしないこと。当たり前のことのようで、いざやってみると本当にむずかしい。従来の終身雇用・年功序列から成果・実力主義へとシフトしつつある日本の混乱ぶりがいい例だ。アメリカでは、上司がフェアでないと感じた部下は迷わず転職していくから責任は重い。

さらに、評価の基準を本人が納得できるように説明する。また本人の言い分にきちんと耳を傾ける。こういう能力も上司には必要だ。相手の思いやりを期待して謙遜したり、本人が言葉にしない気持ちを読み取ったりするのが日本流のコミュニケーションだが、それを前提にしていては決して成り立たない。

アメリカ人がフェアネスと同等に重要視している価値観はモラルである。とくに政治家など公職についている者は非常に高いモラルを要求される。

クリントン前大統領と研修生モニカ女史とのスキャンダルについて、日本では、「ワイドショーの格好のえじき」「野党の攻撃材料」という見方が大勢を占めていた。しかし、この事件はアメリカでは単なるゴシップとして扱われていたわけではない。アメリカ中の家庭で、大統領の品位と政治家のあるべき姿についてまじめに議論されていたのである。その頃受講していた*シカゴ大学院のＭＢＡコースでも、その話題がもち上がると延々と三時間もの議論に発展した。アメリカ人エグゼクティブたちは真剣そのもの。私だけでなくヨーロッパから来たエグゼクティブたちも理解できないという顔をしていたから、おそらくアメリカ人独特の感覚なのだろう。

性別と人種のマイノリティ

「カズコは二重にハンデキャップを負っているよね」

あるとき同僚のオットーに言われた。彼はドイツ人である。外国人なのはお互いさまだから、私は女性で、しかも東洋人であるという意味でなのだろう。

「英語が母国語でないことも加えれば、三重になるんだけど」

と、心の中で思った。アメリカ社会の中で、私は徹底的にマイノリティだったのだ。

アメリカでは能力さえあれば、女性も男性と同じように責任のあるポジションにつける。そう思っている日本人は多いはずである。

私が最後に赴任したテキサス州オースティンの半導体事業部では、エグゼクティブ・マネージャーの二十五パーセントが女性だった(モトローラの中でも高い比率である)。人口比率から言えば、アメリカでさえ女性マネージャーはまだマイナーな存在なのだ。それでも日本をはじめ、ヨーロッパやラテンアメリカ、アジアなどに比べればずいぶん進んでいる。

一般的に、社会に出て数年たち、そろそろ責任ある仕事を与えられる時期に、女性の前には結婚と出産という壁が立ちはだかる。その問題に対し、アメリカ社会は次のような対処で臨んできた。

まず家族第一主義のアメリカでは、社員に家族の問題をもち出された場合、企業はそれを正面切って拒否したり、それを理由に解雇したりはできない。私の秘書にも子供がいたため会社を休むことが多かったが、それに対する批判は禁物である。個人の権利意識が強く、社会全体の価値観が家族に置かれているからこその環境といえるだろう。

しかし一方でアメリカは日本以上の競争社会だ。産休や退職後の職場復帰は、権利としては認められていても、現実には非常に不利になる。出産すると、少なくとも二、三年は昇進が遅れる。

——It is hard to climb a corporate ladder with high heels on.

偶然目にしたバンパーステッカーの標語である。アメリカでさえ、女性には男性の一・五倍の能力があってはじめて同等の評価が与えられるのが現実なのだ。

女性であるために、気を使わなければならないことも多い。

たとえばアメリカでは、女性マネージャーには女性を意識させるような服装や言動は期待されない。というより、かえってそのような態度は男性マネージャーから総スカンを食うおそれがある。出世するにつれて色も黒やグレーが多くなり、男性マネージャーが身につけるような服装をするようになる。態度や行動もしかり。

ある研修会で、私がプレゼンテーションをしたときのことだ。

終了後、日本から参加していたある女性に、

「左手を腰に置いて話をするのはやめた方がいい。なまいきに見える」

と助言された。

その感覚は日本人としてはよくわかる。私もいつのまにかアメリカナイズされ、無意識にそのような態度を取っていたのだろう。ところがこれに対して、その場にいたアメリカ人は、女性マネージャーも含めた全員が、

「非常に自信があるように見えるのでよい」

と言う。

仕事の場面でも女性には控えめであることを求める日本と、そうではないアメリカ。アメリカの会議やパーティーなどでは、女性は決して男性に飲み物をついだりしてはいけない。男性が男性につぐこともない。飲み物をつぐのは自分が相手より下の立場であることを暗に認める意味になるからだ。例外は男性が女性につぐことで、これは一種のレディーファーストとして歓迎される。

では、仕事の場では女であることを忘れていればいいのかといえば、そうともかぎらない。男性中心の企業社会の中でどうしようもない違和感を覚えることもある。

会議などでは女性が私一人であることも珍しくなく、ふだんは気にもとめないのだが、男性が使う品のない*スラングで場が盛り上がったりすると身の置き所がなくなる。最初のうちはおとなしく聞いていたが、ある日、思い切って男性しか使わないその言葉を使ってみた。居並ぶ男性マネージャーは一瞬ぎょっとして、やがて大笑いしながら、口々に、

「カズコのようなレディが使う言葉じゃない。レディが口にしたらおかしいよ」

と言うのだった。

会社をいったん離れると、東洋人ゆえの差別は歴然としてある。さすがに言葉で侮辱されたことはないが、レストランや飛行場など、公共の場で無礼な態度を取られたことはある。ただ差別的な態度を見せるのは、どちらかと言えば、社会的ステイタスが高くない人に多かった。彼らにとって、マイノリティは自分たちの雇用を脅かす存在に見えるのかもしれない。

そういう意味では、ハイクラスの人たちとの接触であからさまな差別に出会うことはほとんどない。世界中のあらゆる地域にビジネス・パートナーをもつモトローラではなおさらだ。

私の注意が部下に素直に受け入れられず、東洋人と見てバカにしているのかと腹が立ったこともある。だが、冷静に考えれば、原因は慣れないマネージメント・スタイルに対するとまどいに過ぎなかったのではないかとも思えるのである。

二十一世紀のアメリカ

アメリカと言ってもいろいろだ。この私でさえ今はもうアメリカ国籍をもつれっきとしたアメリカ人である。この本に登場するアメリカは、私が知るビジネス社会の中のアメリカ、つまり*コケイジアンのアメリカに過ぎない。残念ながら私の九年近いアメリカ滞在期間中、コケイジアン以外の人種と交わる機会はほとんどなかったのだ。そしてそれは、ごく一部をのぞいてアメリカのビジネス社会がまだまだ白人中心に回っていることを意味する。

しかし二〇一〇年には、人口比で*エイジアン、*ヒスパニック、そしてアフリカンなどのマイノリティが白人を上回る。マイノリティがマジョリティになり、黒人やアジア系、メキシコ系の大統領が出ても不思議ではない時代が来るのだ。現実に、大学やMBAの卒業生の七十パーセントがアジア系であるという。近い将来、経営のトップは現在のマイノリティが占めるようになるだろう。

そのときアメリカは世界に対してどんなリーダーシップを取るようになるのか。
これからの十年、アメリカから目が離せないと思っている。

グローバリゼーション　Grobalization
市場経済が世界的に拡大し、資金や人や資源、技術などの生産要素が国境を超えて移動する現象のことをいう。単に国際化という意味で使われることもある。

アフリカン・アメリカン　African American
ルーツをアフリカにもつアメリカの黒人を意味する言葉。アフリカ系アメリカ人。アフロアメリカンともいう。

大学の入学許可
アメリカの大学の多くは、基本的に入学試験はなく、高校の成績や全米規模でおこなわれる学力テストの成績などによって大学への入学が許可される。

シカゴ大学院　The University of Chicago Graduate School of Buisiness
シカゴ大学の大学院。ＭＢＡの取得できるビジネススクール（経営学修士課程）は全米でも常にトップランクに位置している。

スラング　Slang
俗語。同一の生活体験や利害関係などにある人々の間で使われる野卑な言葉。

コケイジアン　Caucasian
人類を便宜的に、コーカソイド、ニグロイド、モンゴロイド、オーストラロイドの四大人種に区別したときの、コーカソイドに属する人たちをさす。ここでは、いわゆる白人一般をさすと考えていい。

エイジアン　Asian (American)
アジア系アメリカ人の意味。中でもとくに韓国系、中国系、ベトナム系、フィリピン系などの移民が多い。

ヒスパニック　Hispanic
スペイン語系アメリカ住民のこと。メキシコやプエルトリコなど中南米などからの移民が多い。

第7章

アメリカで仕事する――アトランタ・シカゴ篇

Nobody notices what I do until I don't do it.

アトランタ、そしてシカゴ本社へ

フロリダに赴任して二年目、私のいたエナジープロダクト事業本部がジョージア州のアトランタへ移転することになった。私はマネージャーとして、社員にアトランタへ移るよう説得する仕事を命じられ、面談に忙殺された。ことはそうかんたんではない。家族第一主義が当たり前で、単身赴任という概念のないアメリカでは、当人だけでなくその家族全員に同意してもらわなければならないのだ。フロリダを去ることで職を失う家族には、モトローラで採用するという条件まで示した。

会社は少なくとも八十パーセントを連れてきたい意向だったが、最終的には約六十五パーセントがOKした。残留が三十五パーセントにものぼったのは、フロリダという土地柄、南米系の社員が多かったことが理由の一つである。南米の家族主義はアメリカのそれとはちがい、両親はもちろん親戚一同がごく近いところに住んで助け合う、一種の共同体のようなものなのだ。アトランタに移るという社員を、たぶん親戚一同で引き留めたのだろう。

リタイヤ（退職）に近い年齢の社員もほとんどが残った。「一年中温暖なフロリダで余生を過ごす」生活はアメリカ人が描く代表的な夢の一つである。それを捨てるわけにはいかない、ということなのだろう。

アトランタでの仕事はフロリダの社員の六十五パーセントとその家族、そして現地で採用された人たちによってスタートした。「*風と共に去りぬ」で有名なアトランタは、緑豊かな、とても美しい土地である。

従業員の家族まで採用したせいか、会社の雰囲気はアットホームそのもの。石を投げれば親子や夫婦に当たる。そんな環境の中で、たった一人で生活することを想像してほしい。まるで大家族の中によそ者が紛れ込んでしまったようで、なんとも居心地が悪かった。

同時に仕事にも行き詰まりを感じていた。上司を含めて、会社がどれだけ真剣に品質改革に取り組む気があるのか、疑問に思えてきたのだ。

「ちょっとわがままなんじゃないの」

電話でグチると、ボブに怒られた。

「世の中好きなことを仕事にしている人ばかりじゃない。ぜいたくだよ」

君がいなくて、こっちだってたいへんなんだよ。きっとそう言いたかったのだろう。わかってはいても、つい甘えてしまう。

「気分転換に新しい家でも探してみたら」

なんとか元気づけようと、最後に彼はこう言った。なるほど、それはいいアイデアかもしれない。

そして、私は素晴らしい家に出会った。築三年、テニスコートつき。そして裏庭の先は湖。なに一つ文句のつけようがない。すっかり夢中になり、さっそく購入に向けて計画を練った。

そしていざ契約という日。シカゴのモトローラ本社から電話があった。新しい仕事をオファーされたのである。

一週間のドラマ

新しい仕事。それはシカゴ本社への異動を意味した。

シカゴでのミッションは明確で、品質管理の国際規格である*ISO九〇〇一を取得すること。それも通常は一サイトごとに取得するISOをコーポレーション全体で取ろうというエンタープライズ・サーティフィケイト（Enterprise Certificate＝企業認証）で、うまく行けば世界各国にあるモトローラの五十六サイトすべてが同じ品質システムをもつことになる。世界中をカバーするきわめて壮大なプロジェクトだ。

私の仕事の内容は、ひとことで言うなら、各サイトの品質シ

各国のメンバーが集合。一週間のドラマ――オーディットがはじまる。中国モトローラにて。

ステムに関するオーディット（監査）である。オーディットは、一つのサイトにつき約一週間を一パッケージとして、世界中のモトローラから派遣されたＶＩＰクラスのマネージャー十数人でおこなう。診断するサイトは毎回変わり、行く先々で初対面の人とチームを組むのである。本社の担当者である私がリーダー役を務める。規模と重要性はもとより、そういう意味でもとても刺激的だった。

オーディットの手順はこうだ。

日曜の午後、ホテルのミーティング・ルームにメンバーを集める。そのとき彼らにリーダーとして挨拶をする。すると、必ず一堂の顔に驚きの表情が浮かぶ。私が東洋人で、女性だからである。その後の二〜三時間、翌日からの仕事の段取りを説明する。リーダーとして認めてもらえるか否か、最初の勝負だ。

月曜日、診断する事業部のトップとそのスタッフが集まる中でスピーチ。いよいよキックオフである。それから一週間、それぞれ有能だがオーディット未経験のメンバーをリードし、組織のあらゆる部分を点検していく。たいがいの場合は三日目くらいからいわゆるチームワークが取れるようになる。オーディットによって組織の品質体制のレベルをアセスメント（査定評価）し、改善のためのアクションを起こしてもらわなければエンタープライズ・サーティフィケートのＩＳＯ九〇〇一は取得できない。自分たちに課せられた仕事の意味と責任を各自がひしひしと感じはじめる頃だ。

最終日には診断の結果をトップに伝える。ときには相手を立腹させてしまうこともあって、ここが最後にして最大のヤマ場になる。

すべてが終わると、マネージャーたちはそれぞれの国に帰っていく。まるで、ドラマのようだ。

別れ際に、

「いいリーダーシップだった」

という賛辞をもらえることもある。そうなればにハッピーエンド、至福の瞬間である。

プロジェクトが発足して四年半ののち、モトローラ社はエンタープライズ・サーティフィケートとしてＩＳＯ九〇〇一を取得した。モトローラのような大規模なコーポレーションでは世界初の快挙だった。その後、ＩＢＭ、ヒューレット・パッカードなどの大企業がモトローラ方式を採用し、続々と認証を取得している。

英語で仕事をする

というわけで、シカゴに行ってからの仕事は、品質管理に関するアセスメントとオーディットがメインになった。アセスメントの目的は、相手に結果を受け入れてもらうことと改善のためのアクションを起こしてもらうことだ。そのために必要なスキルは、テクニカルな部分では統計や分析、ビジネスプロセスの理解・経験である。

見事にエンタープライズ・サーティフィケートISO9001を取得。企業認定書の授与式。

私が診断結果を述べる相手はいつでもそのサイトのトップだ。プロジェクト・リーダーに過ぎず、しかも東洋人の女性である私の言葉を聞き入れ、速やかに業務に反映していってもらうためには、最低限、こちらが品質管理のプロフェッショナルであることを認めてもらわなくてはならない。アメリカに行ってからは、とくに厳しく「品質管理のプロフェッショナル」たらんことを自分に課してきた。内面的にはともかく、はた目にはトントン拍子に昇進することができたのはこんな努力の結晶なのだ。

さて、オーディットのために必要なもう一つのスキルはコミュニケーション力である。日本ではたぶん「一緒にお酒を飲む」といった程度の意味にちがいない。続いてカラオケにでも行けば万全で、すっかり相手のことがわかった気になれる。

しかしアメリカ人は、徹底的に言葉によって理解し合おうとする傾向がある。まして私の場合は、マネージャーでありオーディットの専門家である。いずれも他人を説得し、動かすのが仕事なのだからなおさらだ。この場合の言葉とは、もちろん英語であり、正直言って日本語で仕事ができたらどんなに楽だろう、と考えない日はなかった。コミュニケーションがうまくいかないのは、私に英語力が足りないからだと思っていたのだ。

ところが、日本に帰ってきてみて、この考えが幻想だったことがわかった。日本語で仕事をするようになっても相変わらず、私はコミュニケーションが苦手なのである。

コミュニケーション

ビジネスシーンで必要なコミュニケーション力とは、ひとことでいえば、人間関係の中で望ましいシチュエーションをつくるセンスのようなものだと思う。そんな天性のセンスをもち合わせた人こそ、「実業界のカリスマ」と呼ばれるのにちがいない。残念ながら凡人の私は、コミュニケーションの問題ではさんざん苦労してきたし、いまだに悩みをかかえている。それでもマネージャーとして十年、失敗を重ねながらも場数をふむことで身につけたものもかなりある。

私が新しい赴任先で、

「カズコはアセスメントとオーディットのプロフェッショナルだ」

と紹介されたとする。仕事の特殊性から、それだけで私に対するある種のコンセプトができ上がる。警戒されてしまうのだ。

たとえば、

「システムがよくないわね」

なにげなくもらした言葉で、周囲がピリピリする。そんな意図はまったくなくても、

「カズコは我々の部署を変えようとしている」

と思われてしまうのだ。

いったん誤解が芽生えると、あとになって、

「そんなつもりではなかった」

と説明し、

「わかった」

と言ってもらっても、気持ちの上で取り返しのつかないしこりが残ってしまう。このよ

うな失敗を何度も経験して、組織に定着するまでの数ヶ月間は一切批判めいたことを口にしないよう細心の注意を払うようになった。

アメリカでは会議のはじめ、プライベートな話題で盛り上がることがよくある。

「週末は何をした?」

「家族と船釣りをしてね、信じられないくらい大きな獲物があったよ」

「それはすごい。私もキーウエストで釣りをしたときには……」

といった調子で、週末と家族の話が延々と続いたりする。

これが、せっかちな私にとっては苦痛そのものの。時間のムダにしか思えず、早く本題に入ってほしいと心の中で願っていたものだ。ところが、こうした時間こそが実はリラックスしたムードをつくり出し、その後のネゴシエーション（交渉）を円滑にする潤滑油になっているということがしだいにわかってきた。

さて、自分より高い地位にある人と仕事の話をするとき、日本人ならどのあたりからはじめるだろうか。わかり切ったことをくどくどと話すのは失礼ではないか、と考えるのがふつうではないだろうか。

アメリカではそれはよくないことなのである。このことに気づくまで、私は何人もの相手を怒らせた。思いもよらない誤解を受けたこともある。きちんとわからせていなければ、どんなふうにも解釈されてしまう可能性があるということなのだ。

基本的には、どんなに上の人と話すときにも必ず一から説明しなくてはいけない。あまり初歩から話して、

「そんなことはわかっているよ」

と言われてしまうこともあるが、そう言われてはじめて、相手が「わかっている」ことがわかるのである。

コミュニケーションはむずかしい。

表情、動作、状況、人種、信条……、さまざまなファクターの中で、自分の考えていることを相手にどう伝えるか。たぶん世界中のあらゆるリーダーが、今この瞬間も頭を痛めているのではないだろうか。

風と共に去りぬ　Gone With The Wind

マーガレット・ミッチェルによるアメリカ南部を舞台にした小説で、世界最大のベストセラー。ビビアン・リーとクラーク・ゲーブルの主演で映画化されている。

ＩＳＯ九〇〇一

国際標準化機構によって制定された規格で、生産者が設計・開発、製造、据え付け、および付帯サービスまですべての業務を実施している場合に適用される基準。ＩＳＯの取得は国際的な信頼を得る上で企業にとって重要な要件と認知されている。顧客の要求によって多くの企業がＩＳＯ取得の活動を実施したが、最近は自発的に取得する企業もある。

第8章

言う文化・言わない文化

品質感覚

会議に出るⅠ

会議に出るⅡ

決議権と決裁権の所在

言う文化・言わない文化

失われた十年

People may sometimes doubt what you say, but they will always believe what you do.

品質感覚

フロリダに赴任してすぐ、私は郊外の電気器具店に携帯電話を買いに出かけた。当時、すでに私の仕事にとって携帯電話は必需品だった。もちろんモトローラの品質管理部長であるからには他社の製品を持ち歩くわけにはいかない。モトローラ製の携帯電話を選び、レジスターに並んだ。

支払いをするときになって、店員から、

「保証書を買いますか?」

と聞かれた。新品に付属している保証書の他に、もう一つ保証書があるという。故障の際に無料で交換してもらうために最初にいくらかお金を出しておくのだ。日本から来たばかりで新品の製品に追加保証を買う発想などまるでないから、どうもピンと来ない。

オフィスでその話をすると、

「携帯電話だったら会社で支給してくれるのに」

もったいないなあ、と言う。

「で、結局カズコは保証書を買ったの？」

「買ったわ」

「つまりカズコはモトローラの製品が信用できないってことね」

「……セールスマンが優秀だっただけよ」

痛いところをつかれてとっさにそう答えたものの、これがアメリカ人の品質感覚に触れた最初の出来事だった。

追加の保証書を客が買えば、その保証金のほとんどが店の収入になる。アメリカ人は自国の製品にあまり期待していないので、少額の保証金を払っておけば故障した際に新品と交換できるという誘いに乗ってしまいがちなのだ。

日本の消費者には、工業製品は少なくとも耐久年数は壊れないとの認識がある。私が日本で学んだ品質管理も、製造現場で働く人たちのモラルの向上と工程改善の結果として、欠陥品を限りなくゼロに近づけようとする活動だった。

その対極がアメリカである。「工場で作られる製品には欠陥品が出る」が大前提にあるため、メーカーだけでなく一般消費者までもが、品質に対して日本人とはまったく異なる期待をもっている。

たとえば品質管理のマネージャーは、品質管理の根幹を「欠陥品をいかに工場から出荷しないか」であると理解しており、チェック機能を完璧にすることに最も大きな注意を払う。そして、一般消費者にとっては、「壊れたら、速やかに無償で新品と交換してくれる」サービスが最高なのだ。壊れて当たり前、「壊れない」なんて考えはもともとないのである。日本の品質管理を学んだ私にとって、アメリカ流は理解しがたいものだった。

しかし、ヨーロッパやアジア、ラテンアメリカの国々の工場で現地の担当マネージャーと話をするかぎり、基本的な考え方はみんな日本と同じである。アメリカだけがちがうのである。その根底には、消費は美徳、積極的に買い替えることが経済の活性化につながるという、豊かな国ならではの考え方があり、アメリカのメーカー、消費者ともに品質の向上より値段を選ばせた理由なのかもしれない。当時のアメリカ流は、品質期待の面でもマイノリティだったのである。

会議に出るI

アメリカ企業のミーティングには、大きく分けて上司が部下たちの仕事の内容や進歩状況の報告を受ける会議と、問題解決やビジネスの方向性を決める経営方針会議とがある。

一般に、前者のミーティングでは、部下が十五~三十分程度のプレゼンテーションをおこない、その内容に関して質疑応答する形を取る。事務職の場合はこのプレゼンのよしあしで能力を評価されることが多いので、参加者は最低一週間はかけて周到に準備を整え、会議に臨む。

プレゼンにはスライドがよく使われるが、これを要領よくまとめるのもけっこうたいへんな作業だ。とくに重役レベルの会議ではできるだけ文字量を減らし、要点を的確に伝えるものでなくてはならない。このような条件を満たした箇条書きの説明がbullet（ブレット）。反対に、一枚のスライドに内容を詰め込みすぎて焦点がぼやけ、プレゼンターの意図が理解しにくいものはbusy slide（ビジースライド）。

プレゼン資料のbulletづくりは俳句や短歌をつくる要領に似ている。短い言葉で内容のポイントを的確に表現するために、マネージャーたちは時間をかけて推敲し、磨き上げるのだ。これもセンスがものを言う面があるが、私の場合は、英語で的を得た説明をさせるＴＩＥの訓練が非常に役に立った。

一方、経営方針の会議は、その内容にかかわらず、「必ず会議に参加すること」がポイントである。しかし、アメリカでは「参加する＝発言すること」をさし、出席しただけではでは参加したとはみなされない。つまり参加者が五人いれば、全体の時間のうち五分の一は発言していなくてはならないのだ。いねむりなどもってのほか。黙っていたら能力がないと判断されてしまう。

そのことは私も十分承知してはいたが、無意識に日本文化を背負っていたのだろう。

赴任してしばくはつい聞き役に回ってしまい、なかなか自分の意見やコメントを出せず、沈黙していることも多かった。

そんな私がソニーでは「よくしゃべるマネージャー」として通っている。アメリカ流が身についてしまった結果である。

会議に出るⅡ

ところが、なんでもフランクに活発な議論を展開すればいいかというとそうでもない。アメリカ人には彼らなりのルールがあり、それに沿って進行されているのである。

たとえば同僚の意見に賛成の場合は、必ずその旨の意思表示をする。同意していなくても、相手の立場にempathy（共感）する言葉は述べるのが礼儀。反対意見を述べるときも、まず相手の意見に敬意を表した上で、自分の意見をdiplomatic（外交的）に述べなければならない。

あるセミナーで学んだことだが、意外にもアメリカ人はIntellectual confrontation（知的な対立）を嫌うという。意見の相違がある場合は会議の場で議論を交わすのではなく、会議の前か終了後のrelational confrontation（個人的な議論で理解を深めること）を好むのだそうだ。「根回し」という日本語がそのまま通用したりもするから、日本流の会議と似ている部分もあるのかもしれない。もっとも、ボトムアップの日本では中間管理者にまで根回ししておく必要があるのに比べて、トップダウンのアメリカではトップと会議に出席するマネージャーの範囲ですむ、というちがいはある。

いずれにせよ、形式にとらわれず自由に意見を交わし合っているように見えるアメリカの会議は、実はこのような暗黙のルールの上に立っておこなわれている。それを理解するまでには私もずいぶん時間がかかった。会議中にできるだけたくさん発言しようとして率直にものを言いすぎ、他の出席者の気分を損ねてしまったことも数え切れない。

一方ヨーロッパ人は、意見の相違に関しては会議中に徹底的に議論する。アイルランドに出張したとき、工場の最高責任者マクドウェルとまるまる半日をかけてディベートしたことがあった。そばにいたヨーロッパ担当のマーケティングマネージャーは、「アメリカ本社のマネージャーが、アイルランド人とこんなに徹底的に議論したのを見たのははじめてです」と驚いていたが、これをきっかけにマクドウェルとはすっかり打ち解け、それぞれの家庭に招待し合うほど親しくなれた。

しかし、アメリカでこれをやったらたいへんである。ヨーロッパから赴任してきたあるエクスパット（出向者）など三年の予定が一年半で帰国してしまった。アメリカ流を理解せずにヨーロッパ流で通したあげく、だんだんいづらくなってしまったらしい。やはり郷に入っては郷に従え、ということだろう。

決議権と決裁権の所在

フロリダのエナジープロダクト事業本部にいた頃、日本のサプライヤーとの会議にたびたび出席した。すると、ふだん漠然と感じていた日米の企業文化のちがいが、純然たる日本企業と接することではっきり見えてきた。

まず、日本側は、会議室のどの位置に座るかで参加者の上下関係が一目瞭然である。アメリカ側は座る位置と上下関係に関連性はない。また会議中、日本側は一名か二名の限られた人だけが発言するのに対して、アメリカ側は参加者全員がそれぞれの役割に応じて発言する。日本側にすれば、会議の前に名刺交換をしておかないとアメリカ側の参加者それぞれの役職が理解できなくなる。会議がはじまってしまうと、誰がどのような権限をもっているのか、判断するのは至難のわざだ。

アメリカの組織の特徴は、個人の責任範囲、言い換えれば決議権や決裁権が非常に明確なことにある。日本のように、合意制で会議をおこない、責任の所在は不明確。よく言えば誰もが責任を取らずにすむシステムとは根本的にちがうのだ。

たとえば新製品を出荷する場合、品質部長の私のサインがなければ、誰がなんと言おうと製品は出せない。そのかわり、私がいったんサインをしたら、トラブルが起きたときの責任はすべて私にかかってくる。最初のうちこそ、上司の意見に合わせて自分の方針を変えることもあったが、もしそれで問題が起きたとしても、責任を取るのは私であって上司ではない。さんざん痛い思いをした今では、会議では自分の責任範囲に関しては自分で説明し、必要ならその場で決議したいと思うようになった。

言う文化・言わない文化

日米両方の生活を味わった体験に基づいて考えると、ビジネスも含めた日米の文化の差は、つきつめて考えれば「言う文化」と「言わない文化」のちがいにあるような気がしている。

たとえば、休暇について。

「今度のクリスマスに日本に帰りたいから、少し長めの休暇が欲しい」

と思っても、最初の二、三年はなかなか言い出せなかった。許可はくれても快く思われないのではないか、マネージャーの立場で長期休暇を取るのは非常識ではないだろうか、

などとさんざん考え迷った末に、やっとの思いで上司のオフィスを訪ねると、

「ＯＫ」

と、いともかんたんな答えが返ってきた。

「早く言えばいいのに」

と、不思議そうな顔をされたこともある。

また情報の伝達ルートに自分を加えてくれるよう上司に頼んだことがあるが、そのときも相当の勇気を要した。私よりかなり上のレベルの人たちで構成されるルートだったからだ。例によってあれこれと逡巡し、仕事の上でどうしても必要なのだから、と自分に言い聞かせながら上司に話すと、

「じゃあ入れとくよ。早く言えばいいのに」

彼の答えはやはりとてもかんたんだった。

逆に、アメリカ人の部下から何か要求されることもある。それに対して「ノー」と言ったところで、相手は「そうですか」と引き下がるだけ。最初は私の方があれこれ深読みしたり、くよくよ思い悩んだりもしたが、言われた本人はまったく根にもつ様子もな

い。そんなことをくり返すうちにバカバカしくなってきた。

とてもかんたんなのだ。理由が正しいか、よいことであると思えば、礼儀正しく聞けばよい。「イエス」「ノー」はあくまで判断の結果で、人情はごたごたと入りこまない。慣れてくればこちらの方がずっと楽なのである。というわけで、私はすっかりアメリカナイズされてしまった。

そして日本へ帰ってきてみると、私に対する、日本の「言わない文化」の抵抗は思いのほか大きい。

先日も、ソニーの同僚から、

「言わないことを察しなくちゃ」

と助言されたし、そうかと思えば、

「しゃべり過ぎ」

と注意される。

逆に、アメリカに行ったばかりの頃は察しの悪い部下にイライラさせられどおしだった私が、今ではあまり先回りして動いてくれる日本人の部下に、つい、「私の希望をちゃんと聞いてから動いてちょうだい」と注意してしまうことさえあるのだ。

失われた十年

私が日本モトローラに入社したのがバブル全盛の一九八八年。そしてバブルが崩壊して、私がアメリカに行った一九九二年にはすでに不景気がはじまっていたから、日本の景気はあれ以来下降の一途をたどっていることになる。あの当時も確か、「日本は変わらなければいけない」と言われていたはずだが、戻ってきた私の目にはあまりその変化が感じられない。

アメリカ企業がマネージャーに求めるものはとてもシンプルだ。業績で結果を出すことである。よい結果を出すためには人材の活性化が必要であり、人事異動はマネージャーの当然の権利と言ってもいい。上司が命じた仕事をボイコットしたら、すぐその日のうちに人事部に呼び出され、社員証とEメールアドレスを没収されることはまちがいない。しかし、日本ではそうはならない。

アメリカ流が絶対にいいと思っているわけではないが、日本に帰ってきてみて、この十年、なぜ日本が変われなかったのかが少し理解できたような気がする。

長引く不況で変化しつつあるとはいえ、日本の大企業は、ある意味で社会主義的だ。能力が低くても、いったん入社したらよほどのことがないかぎりは家族ごと保護される。しかし、企業は本来、目的を遂行するために集まっている他人同士の集団である。逆方向に進もうとする人が一人でもいれば、スピードが落ちるのは当然だ。日本の企業体質はもはやスピードが落ちても誰も責任を取らないし、「ノー」とも言えず、対立すらもできなくなってしまっている。「変わらなきゃ」と言い続けながら日本が変われない理由は、こんなところにあるのではないか。

えらそうな口を利いてはみるが、私だってパーフェクトなマネージャーではない。二つの文化のはざまで悩み、「変わらねば」と思う日が続いている。

日本でも最近失業率が五パーセントを超え、対策が論議されている。リストラされて自殺、というような暗いニュースもたびたび目にするほど、日本の失業にまつわるイメージは深刻だ。経営再建のために大量解雇に踏み切れば、責任者は「鬼」と呼ばれる。

アメリカでもレイオフ（一時解雇）の話題は珍しくない。ところが、これは必ずしも「悪」とは考えられていないのだ。エコノミーの論理では、長いスパンで見ると、労働力の需要と供給の関係は必ずバランスを保っているとされる。ある企業の業績が下がり労働力の需要が下がるときには、当然他の企業では業績が上がり労働力の需要も上がると考えられているのである。

そのせいか、アメリカでは解雇されることに日本人ほどの悲壮感は伴わない。終身雇用という発想がなく転職が当たり前であるため、日本とは比較にならないくらい労働力の流動化がスムーズで、数々の「敗者復活戦」も用意されているからだ。それに比べて、今の日本には受け皿がほとんどない。受け皿のないレイオフは悲惨である。かと言ってミスマッチの人材が固定化されれば、その組織は確実によどんでしまうだろう。

「あなたはここにいなくてもいいのよ」

というのが死刑判決ではなく、

「あなたがもっといきいきと働ける場所は他にあるはずよ」

という希望を含んだ言葉になる日が、近い将来日本にも来ることを願ってやまない。

第9章

MBA――シカゴ大学院へ

ミシガン通り

エグゼクティブ

痛みと癒し

学歴社会

"This is the business school I went to," Kathy pointed to the nice architecture. It said 'The Business School of the University of Chicago'.

ミシガン通り　Michigan avenue

ある土曜日の昼下がり。友人のエイミーとキャシーと私の三人で、のんびりミシガン通りを歩いていたときのことだ。ふとキャシーが、かの*シカゴトリビューンの隣にある重厚な建築を、

「私の卒業した学校よ」

と指さした。シカゴ大学院の*ビジネススクールとある。

メインキャンパスはダウンタウンからやや離れたところにあるが、ビジネス・スクールにはエグゼクティブＭＢＡのコースがあるため、この場所に建てられたという。忙しい彼らが通いやすいようにとの配慮である。大都会の中心部にあるのでさほど広くないが、医学部や工学部など歴史的な建築物が並ぶアカデミックな雰囲気の一角だ。

この建物を見たとき、なんだか胸が騒いだ。

「私もここ受けようかしら」

キャシーとエイミーはジョークだと思ったらしい。それでも、キャシーは私を受付まで案内してくれた。

「エグゼクティブコースのＭＢＡの願書がほしいのだけど」

「今週末が締切ですよ」

おやおや。

「それじゃあ間に合わないわね。日本から書類を取り寄せなくてはならないもの」

突発的に思い立ったことだから、さほど残念にも思わない。あっさり帰ろうとすると、受付の女性に呼び止められた。

「では二週間待ちましょう」

これはツイている。

「ラッキーじゃないの」

キャシーとエイミーが喜んでくれた。

「ありがとう。できるだけのことはしてみます」

ワクワクしながら願書を受け取って、すぐに東京のボブに電話をして大学の卒業証書を送ってくれるように頼み、次に上司のオフィスを訪ねた。

「エグゼクティブMBAの申し込みをしたいのですが、行ってもかまいませんか」

「もちろんさ」

上司はニヤリと笑って、つけ加えた。

「ただし選考に最後まで残って、受理されたらの話だよ。」

建物を見たとたんひらめいたのは確かだが、以前から漠然とビジネススクールで勉強したいという気持ちはもっていた。仕事上で必要性を感じていたわけではない。強いて言えば、この国で何か一つ系統立った学問を身につけたいと思ったこと、そしてまたモトローラ以外の人を通じてアメリカを知りたいというのが理由だったように思う。

シカゴのモトローラ本社でエンタープライズ・サーティフィケートのプロジェクトリーダーになって約一年。相変わらず頻繁に海外出張に出ていたが、その合間には自分で管理できる時間もあった。それでも行動を起こすほどではなかったのだから、たまたまあの日、ミシガン通りでシカゴ大学院に出会ったのはやはり運命だったのだ。

　それから一ヶ月後、私は面接を受けるために再びビジネススクールを訪ねた。

　自宅から車で八十分の道すがら、

「もし受かったら、自分で運転して通わなきゃならないのね」

などと思ったりした。落ちてもともと。受かったらめっけもの。挑戦することに意義があるのだ。面接試験より、入り組んだダウンタウンの運転の方が怖かったくらいだから、私のＭＢＡに対する思い入れも覚悟もその程度のものだった。

　にもかかわらず、二週間後、なんと私はシカゴ大学院のエグゼクティブＭＢＡコースへの入学許可を受け取った。

「コングラチュレイションズ！」

　お祝いの言葉のあとに同僚が言った。

「カズコ、すごいじゃないか。シカゴ大学院のＭＢＡは、今年の*全米ランキング二位の学校だよ」

なんですって！　……あいた口がふさがらなかった。

エグゼクティブ

知らないということはおそろしい。「全米ランク二位」の意味を実感したのは、入学して最初におこなわれたオリエンテーションのときである。

教授たちの説明によれば、ノーベル賞受賞者が世界で一番多いのがシカゴ大学出身者なのだそうだ。さらに驚いたのは、同級生たちのそうそうたるキャリアである。*バンク・オブ・アメリカや*バークレイの企業のバイスプレジデント（副社長）、法律家、コントローラー（財務、経理統括副社長、事業部長、社長など経営の中枢を担う役職者をさす呼称）、そしてまるでヒラリーさんを見るようなバリバリの女性マネージャーたち……。名実ともにアメリカをリードするトップエグゼクティブたちの迫力とプライドの高さに、私はすっかり圧倒されていた。

オリエンテーションといっても一週間キャンパスに泊まり込む合宿のようなものである。日本の大学で経験したような、クラスメートとの親睦を深めたり、受講のシステムを懇切丁寧に説明される類のものとはまったくちがう。昼間は講義、終わると毎晩必死で課題をこなす。期間中、睡眠時間は多くて二時間。教授たちはこのオリエンテーションを*士官学校の最初の訓練にたとえていたが、私の方は「地獄の特訓」という日本語が思わず頭をよぎった。いずれにしても「ついてこれない者は去れ」という意味の、最初のふるいにはちがいなかった。

オリエンテーションが終わると通常の講義がはじまった。講義は週末の金・土に集中しておこなわれる。マネージャーとしての仕事をこなしながらという意味ではオリエンテーション以上にハードな日々が、これから二年も続くのである。とにかく講義中のディスカッションに参加するにも、毎回の課題をこなすにも、二、三センチはありそうな分厚い専門書を週に三～五冊は読まなければならない。英語が母国語でないのは大きなハンデだった。

ただし英語の面を除けば、他のエグゼクティブのスケジュールもハードである。

「昨日ブラジルから帰ってきたばかり」

だの、

「宿題は飛行機の中でやった」

などという会話がいつも教室で飛び交っていた。三分の一は州外のフロリダやサンフランシスコから飛んでくるのである。


夫が夕食後すぐに書斎にこもり、夜中の一時二時まで出てこないなどということなど、アメリカ人の家庭では異常事態。極端な話、離婚されても不思議ではない。こんな生活が二年も続くというのは、本人にとっても配偶者にとっても大きなストレスである。しかしMBA取得後にその報酬が返ってくるから、家族ともども団結してがんばるのである。自分のことだけを考えていればいいという点では、私は恵まれていたにちがいない。

シカゴビジネススクールの強みはなんといってもファイナンス（会計と金融）である。したがって勉強の内容は、それまで目にしたこともなかったバランスシートを読み、他企業のアニュアルレポート（決算表）を分析し、マーケティングやケーススタディをおこなう……。残念ながら、私の専門である品質管理の知識はあまり役には立たない。いくら必死で勉強しても、銀行や証券会社のトップエグゼクティブたちのはるか後ろからなんとかついていくのが精いっぱい。グループスタディなどで貢献できないのを、暗に非難されることすらあった。

「カズコはよくやっている。何も知識がないのに、よくついてくる」

グループメンバーはほめてくれたが、それが皮肉に感じるほど追いつめられていた。しかしレベルはちがっても、余裕がないのはみんな同じだったようだ。

「一番と二番はすごいが、三番から下はビリと同じだからね」

とはボブの変な慰めの言葉だが、これは正しい。一位二位の成績を争う他のエグゼクティブたちも極限状態を呈していた。エリートたちのすさまじい競争意識に、教室はいつもピリピリした雰囲気に包まれていた。

「ビジネスには必ずシビアな局面がある。極限状態の中でチームとして、リーダーとしての最高の効率を上げるためにどう行動するか。それがトップに立つ人間に必要な真の勉強なんだ」

というのが、担当教授の口ぐせだった。

痛みと癒し

入学して一年が過ぎた。仕事は忙しく、講義はますますむずかしい。私はストレスから身体を壊した。首から背中にかけて鋭い痛みが走り、二年のコースがいよいよ終盤にさしかかる頃には、痛み止めもまったく効かなくなっていた。

「身体が一番でしょう。大学へはまた行けますよ」

日本で診てもらうと、即座にドクターストップをかけられた。悩んだ末、学校にも事情を話してとにかくやれるところまでやろう、倒れたら潔くやめよう、と決心した。

――エクスチェンジ・プログラムの季節がやってきた。

シカゴ大学はヨーロッパ分校として、スペインの*バルセロナにＭＢＡコースを開いている。ここのエグゼクティブ・スチューデントたちとシカゴで十日間、バルセロナで十日間交流するのがエクスチェンジ・プログラムである。交流といってももちろん猛勉強は続く。コースのピークとして位置づけられているため、休むわけにもいかなかった。

出発前は身体を動かせないほど痛みがひどく、何度もやめようと思った。すがる思いでクリスチャンの仲間に電話をして祈ってもらったこともある。

シカゴ大学院のバルセロナ校。ヨーロッパやアジア各地からエグゼクティブが集まる。

スペインのバルセロナにあるシカゴ大学院ビジネススクールには、イギリス、ドイツ、フランス、スペイン、ウクライナ、オランダなどのヨーロッパ各国だけでなく、シンガポールの*エリクソンや香港の銀行関係のエグゼクティブなども通ってきていた。もちろんそうそうたるエグゼクティブばかりで、ディスカッションのときには見事な意見を披露して、プライドの高いアメリカ人たちをうならせた。

しかし彼らは、アメリカ人エグゼクティブとはまるで異なった感性の持ち主だった。混成チームで課題に取り組んでいても、夜の十時にはさっさとシカゴの町にくり出していく。課題が完成しようとしまいとまるで気にしないのである。

「四時まで飲んでいた」

と豪語し、翌朝平気で遅刻してくるヨーロッパ組に、アメリカ人エグゼクティブは当然面白くない顔をする。

私は——彼らの出現で、それまでの緊張から不思議なくらい解放されていった。

「競争することしか考えないアメリカの連中は人生を楽しむことを知らない」

彼らの目的は、学校の中で一番や二番になることではない。ディスカッションで理解を深めネットワークを広げること、一緒に遊んで人生を楽しむこと。それこそが大切なんだ、という言葉に、私の心と身体が癒されていくのを感じていた。

するとと信じられないことが起こった。プログラムを終える頃には身体の痛みがウソのように和らいでいたのである。ヨーロッパのエグゼクティブたちが奇跡をもたらしてくれたのだ。

こうして一九九九年の三月、私はシカゴ大学院のMBAコースを無事卒業した。

卒業式で誰かが、

「アメリカをリードする人たちがここから出ていく」

とスピーチしていたが、アメリカをリードするとは、すなわち世界をリードすることである。「のどもと過ぎれば熱さ忘れる」ではないが、世界をリードするエグゼクティブと机を並べ、まがりなりにもディスカッションした経験が私にとって大きな宝であることはまちがいない。無我夢中で学んだことは、確実にその後の仕事に生きている。

何にもまして、アメリカに行ってやっと一つやり遂げたという充実感が大きかった。これで一つ、ピリオドが打てたと思った。

もう一度チャンスがあれば、今度はもっと賢くやってみたいと思う。

シカゴ大学院を晴れて卒業。感激もひとしお。

学歴社会 Meritocracy

実際、アメリカの学歴社会は日本とは比較にならないほどシビアだ。新卒の若者が何の経験もないまま大企業に入り、手取り足取り教育してもらえるような甘さはアメリカにはない。むしろ大学を卒業したばかりのときが一番仕事に就きにくい。能力と経済力のある学生なら、さらに高等な専門教育を受けるために大学院に進学する。最近ではMBAより上のPh・D（博士号）を取らないと就職の役には立たないとまで言われているのだ。そのかわり人生の好きなときにいつでも大学や大学院に入り直すことができる。日本でもだんだん社会人入学の制度が増えているが、アメリカの大学はもっと社会に密着した存在である。

フロリダにいた頃、知人の紹介で三十歳ぐらいの黒人女性ナンシーと契約し、二週間に一度掃除に来てもらっていた。彼女に会うたびに、疑問を感じた。どう見ても知的な職業につくべき人で、メイドさんというタイプではない。

あるとき、

「どうしてメイドをしているの？」

と尋ねてみた。

「勤めていた銀行が倒産して、なかなかよい仕事が見つからないの。専門職に就くために大学に進学したいと思い、メイドをしてお金を貯めているのよ」

キビキビと身体を動かしながら、ナンシーは言った。年齢に関係なく、次の仕事を得るために大学へ進学するという話はいかにもアメリカらしい。彼女をはじめ、知り合った何人ものアメリカ人が、非常にはっきりした将来の目的をもち、進学して勉強することでそれが達成されると信じていた。どの大学を卒業したかが重要視される日本とは、大学の担う役割が根本的にちがっているのである。

シカゴで知り合ったケイの娘さんは三人の子供のシングル・マザー。生活費を確保するのは大変だ。ＭＢＡ取得をめざして、昼間は特殊学校の教師をしながら夜間のビジネススクールに通学しているという。給料を上げようとすれば、ＭＢＡが必要なのだ。

彼女のようなケースは少しも珍しくない。キャリアアップするために、三十、四十代のアメリカ人は働くことと同じくらい学ぶことに多くの時間をかけているのである。

シカゴトリビューン　Chicago Tribune
シカゴを代表する新聞。ボブ・グリーンのコラムは日本にも愛読者が多い。

ビジネススクール　Business School
ＭＢＡ(経営学修士号)の取得できる大学院のこと。

全米ランキング
経済雑誌などが毎年発表しているアメリカのビジネススクールの難易度。

バンク・オブ・アメリカ　Bank of America
アメリカを代表する銀行の一つ。

バークレイ　Berkeley
カリフォルニア大学バークレイ校がある都市。優秀な企業や研究所が集まっている。

士官学校
軍隊の将校（少尉以上の軍人）を育成するための学校。陸海空軍のそれぞれに士官学校がある。厳しい訓練で有名。

バルセロナ　Barcelona
スペイン北東部、カタルーニャ地方バルセロナ県の県都。首都マドリードに次いでスペイン第二位の都市。一九九二年にはオリンピックが開催された。

エリクソン　ERICSSON
通信用システムやモバイル端末機器を提供する世界有数の企業。一四〇ヶ国で事業を展開している。

第10章

ユニバーサルなマネジメントをめざして
——再び日本へ

サバティカル

転職

ユニバーサルなリーダーシップ

Those of you who think you know everything are annoying to those of us who do.

サバティカル　Sabbatical leave

シカゴに四年半勤務したのち、私は米国モトローラ半導体事業部*ストラテジック・クオリティーのディレクターとしてテキサス州の州都オースティンに赴任した。シカゴで身体を壊したこともあり、これまでの海外出張中心の勤務とはちがうペースで仕事をしたいと思っていたので、オースティンへのオファーは渡りに船だった。アメリカの場合、州都とは行政機関の置かれた都市をさし、必ずしも一番の都会という意味ではない。オースティンもこじんまりとした静かな田舎町である。しかしテキサスの温暖な気候と、シカゴのような大都会では得られない豊かな自然に囲まれて暮らすうちに、心身ともに回復していくのがわかった。

はじめて時間的な余裕ができたせいで、教会関係の人たちを中心に最も落ちついた人間関係を築くこともできた。マルコム・ボルドリッジ・ナショナル・クウォリティ・アワードの審査員に選ばれたのもこの時期だ。

優れた経営品質をもつ企業に対して授与されるボルドリッジ賞は、アメリカ経済がどん底だった一九八八年、企業の競争力を回復させるために米政府主導で設置された権威のある賞だ。全米にたった三五〇名しかいない審査員のうち、私が唯一の日本人として選ばれたのである。私のキャリアにも大きなプラスをもたらす出来事だった。

ボルドリッジ賞の審査員に選ばれるのはきわめて名誉なこと。ディレクターとともに。

さてMBAを取得すると、その後七十パーセントが転職するというデータがある。そういう意味では私も次のチャンスを求めたくなったのかもしれない。ちょうどその頃、モトローラ上層部の交代が激しくなり、新しい社長がシカゴから着任して組織図が大きく変わったことも私の背中を押した。

「モトローラを辞めようと思うの」

二〇〇〇年七月四日、私の五十回目の誕生日にボブに言った。誰よりも先に彼に気持ちを伝えたかった。

「そうだね。そろそろサバティカルを取ってもいい時期かもしれない。君は本当によくがんばったよ」

ボブはそう言ってくれた。

オースティンに赴任して丸二年、アメリカでの単身赴任生活は九年目に入っていた。

さっそくＭＢＡ時代の友人や親しくしていたモトローラの昔の同僚たちにサバティカルに入ったことを知らせた。先のことを何も決めずに思い切りよく辞めてしまったと言うと、みんなは一様に驚いた。われながらあきれるが、別のアメリカの企業に勤めるのか、それとも日本に帰るのか、それすら考えていなかったのだ。

「大きく深呼吸するみたいに、ゆっくり休んだらいいよ」

ボブはそう言ってくれた。彼の言うように、当面はオースティンでの生活を楽しみながら、時間をかけて転職の準備をしよう。彼の夢であるアメリカ国籍を取るためにも、しばらくオースティンにいる必要があったし、家の裏庭にプールを造る計画もあった。そうだ、ゴルフもやろう。まわりをゴルフコースに囲まれながら、忙しすぎてめったにできなかったのだから。

転職

サバティカルに入って、前からずっと計画していた、裏庭のスイミングプールとスパーを造った。ゴルフもはじめた。そのうちのんびりした生活にも少々あきて、仕事がしたくなってきた。

アメリカでの求職活動ははじめてである。

「求職に少しでも力を貸してくれそうな人には、必ず履歴書を送るんだよ」

という友人たちのアドバイスを受けて、まずは履歴書を書くことにした。

履歴書とはいっても、日本のものとはだいぶちがう。大学以前の学歴などは一切書かず、自分のキャリア、とくに最近三年以内の仕事の内容を詳細に記載する。業績はできるだけ数値化し、自分を客観的に売り込むことに徹底する。エグゼクティブの転職ともなれば、このような内容の履歴書を五十～六十通、人によっては一〇〇通くらい、あらゆるネットワークを使って送るのが常識なのだ。

実際にアメリカ人の転職は、その六十パーセント強がネットワーキングによっておこなわれる。アメリカの映画やテレビドラマにはよくパーティのシーンが出てくるが、これはアメリカ人が特別社交的な国民だからではない。アメリカ人にとって、一度に多くの人と知り合いになり、自分を売り込むチャンスが得られるのがパーティなのである。

その他、アメリカにはエグゼクティブ専門の*アウトプレイスメントの会社もある。そこと契約すると、個室が与えられ、アシスタントが常駐して秘書業務を担当してくれる。インターネットなどの事務機器もすべて自由に使用できるし、求職中のほかのエグゼクティブたちとの情報交換の場としても非常に有効だ。

結局、私は友人のすすめに従って、ヘッドハンターに五通履歴書を送ってみることにした。すると、意外なほど反響があった。やはりシカゴ大学院のＭＢＡが効力を発揮したのだろう。アメリカ全域から届いた手紙やEメールを見ながら、四十歳を目前にしてはじめた就職活動のことを思い出した。

あのときのことを思えば、今度の転職はなんて恵まれているんだろう。


「これからは自分らしく仕事をしたい」

次の仕事を決めるにあたり、切実に願ったのはこのことだった。

モトローラ時代はずいぶん無理をしていたものだと思う。英語を母国語としない東洋人の私が、たった一人、アメリカの会社で、しかも女性のごく少ない分野で働くということ。それは私が徹底的にマイノリティだったということを意味する。ヘッドハンターは*デトロイト、*サノゼ、*サンアントニオのアメリカ企業と*ダラスにあるフランス企業のアメリカ支社の四つを推薦してきていた。

しかし、私は次に働くのは日本企業の方がいいのかもしれない……。漠然と、そう思いはじめていた。

混沌とした中で、一つだけわかっていたこと——私が本当にやりたいのは、経営品質に関わる業務だということだ。その基準で最後まで迷ったのが、ソニーセミコンダクタネットワークカンパニーと某日本企業のアメリカ法人。後者は支社長に次ぐポジションを用意してくれているという。どちらももったいないくらい魅力的な仕事だったが、ソニーを選べば日本へ帰ることになる。アメリカ流ビジネスに深くなじんでしまったため、日本で日本人と仕事をすることができるかどうかが不安だった。しだいに、私の気持ちはアメリカでキャリアを続けることに傾いていった。


ある日、私の気持ちを見透かしたように、日本から一本の電話がかかってきた。

「ソニーがいいと思います。ボブ先生は、カズコさんに日本に帰ってきてほしがっていますよ」

ボブの友人からだった。

翌日、私は教会の牧師さんの奥さんに電話をし、心の迷いを話した。

「日本に帰ってソニーに勤めなさい」

彼女は明快に進むべき道を示してくれた。そして、

「神様がくださった仕事ですよ」

とも言ってくれた。

ユニバーサルなリーダーシップ

「アメリカに九年近くいた」

と話すと驚かれる。

「九年で、人がそんなに変わりますか」

というのだ。

日本の企業のアメリカ法人に派遣されるような場合なら、何年いたところで日本人としてのメンタリティが変わることはないだろう。極端に言えば、内面の日本仕様はそのままで、生活水準だけをアメリカ並にするようなものなのだから。

しかし、私の場合、日本人のまったくいない場所で、ぽつんと一人きりでアメリカを体験してきた。アメリカに同化しなければとてもやっていけなかったし、いったん同化してしまったあとは、日本人に戻る必要のない九年間だったのだ。それはつまり四十歳までの日本人としてのメンタリティを、アメリカに捨ててきた……そういうことなのかもしれない。

日本人としてアメリカに行った私は、国籍すらもアメリカ人になって帰ってきた。そして再び日本企業に勤めた今、最初にアメリカに行ったとき以上にとまどいを感じている。あのときは必死でアメリカに同化するしかなかったが、今の私には単純に日本に同化することは求められていないからだ。

「あなたがいいと思うことをやればいいのですよ」

ソニーで、私のボスや同僚の部長たちによく言われる言葉だ。

「あなたは世界を知っている。ユニバーサルで通用することだと思うなら、それを言い続けてくれればいい」

アメリカ流と日本流のはざまで悩むとき、その言葉をかみしめる。確かにアメリカ流だとか日本流だとか言っても、結局どちらも非常に小さい価値観でしかないような気がしている。幸いソニーには学ぶべきもの、学ぶべき人がたくさんいる。アメリカでも日本でも、世界のどこに行っても歴史と文化を越えて通用するユニバーサルなリーダーシップ……。今は、神様がそれを学ぶためにくださった時間なのかもしれない。

相変わらず先のことは何もわからないが、今のミッションを達成したら、次はヨーロッパかアジアで仕事ができたらとも思う。できるかぎり多くの国の人たちと知り合いたい。そしてそのずっと先のいつか、湖のほとりのオースティンの家で、ボブと二人で暮らしたい。

ストラテジック・クオリティー　Strategic Quality
戦略的経営品質のこと。

アウトプレイスメント　Outplacement
再就職支援活動のこと。

デトロイト　Detroit
ミシガン州南東部の最大都市。自動車産業のメッカとして有名。

サノゼ　San Jose
カリフォルニア州サンフランシスコ市の南八十キロに位置する先端産業都市。サンノゼともいう。シリコン・バリーとよばれる先端技術産業地帯を擁する。

サンアントニオ　San Antonio
テキサス州南部の商工業都市。メキシコ系の住民か多い。

ダラス　Dallas
テキサス州北部の商工業都市。アメリカ南西部の金融・保険、卸売業の中心地。ケネディ大統領が暗殺された地としても知られる。

エピローグ

米国テロ事件

九月十一日、日本時間夜十時半過ぎ。いきなり、ニューヨークの世界貿易センタービルに民間旅客機が激突する場面がテレビに映し出された。

続いて第二機が突入。

その後は言うまでもない。

私は、深い悲しみと痛みをもってアメリカにいる友人たちとこの事件を共有し、アメリカ国籍を取った自分のアメリカへの思いと忠誠を、あらためて確認した。

アメリカから届くEメールで友人たちの祈りとアメリカ再生への希望を知るにしたがい、アメリカ人は国旗の下にアメリカに忠誠を誓い、愛国の精神をもって自由と平等・信仰の強さを分かち合うことを再確認したのだと感じている。アメリカ国旗の下では個人であれ集団であれ、理屈を超えて団結できる。不思議な国である。

アメリカは多くの問題をその社会構造の中に抱えている。人間のおろかしさやエゴが集約して現れるのもアメリカだ。それは世界の問題の縮図なのだ。

しかし、それでも世界一二〇ヶ国以上の国の人々がアメリカへ、アメリカ人となるために渡ってくる。生まれた国に家族や友人を残して生活する人たちもいる。アメリカにはまだそのような人たちの夢をかなえてくれる可能性がある国だから。

私はきっといつかアメリカへ帰るだろう。それまでは日本の素晴らしさを満喫していたい。

優しい自然、流れるような日本語の音、豊かな情感……

与えられた時間に感謝して、自分を見つけ出す旅を続けたいと思う。

終わりに　Closing remark

「仕事をすることの意味を教えてください」

十八歳のとき、大人にこんな質問をぶつけたことがあります。あれから三十年。今、もし私がそう聞かれたなら、

「自分のやりたいことを、まず見つけなさい」

そう答えようと思うのです。

やりたいことが見つかれば、あとはそれ自体をエンジョイすればいい。そうすれば人にやさしくなれるのです。

プロセスをエンジョイすること、それ以外に人生なんてなにもない。

真剣に生きることに参画すること。

ただし焦ることはありません。
ダッシュをしても走っても歩いても、実りはその節々にあると思います。
だから十八歳の私には忘れずに言うつもりです。
「結婚だけはしなさいね。人生が豊かになるから」
最後に、不完全な私の人生を完全にしてくださる神様の愛と力に感謝します。
モトローラとソニーに感謝します。
私を三十年間見守ってくれている主人に感謝します。
この本を書くうえでご尽力いただいた皆様にも感謝します。

カズコ　ニシザキ

二〇〇二年　春

西崎　和子　Kazuko Nishizaki

1950年大阪生まれ。明治学院大学卒。T.I.E.外語学院の教務担当を経て、1988年、日本モトローラに入社。1992年、アメリカのモトローラ本社エナジープロダクト事業本部品質管理部長に就任。以後、エンタープライズ・サーティフィケートISO9001取得のプロジェクトリーダー、半導体事業部ストラテジック・クオリティーのディレクターなどの要職を歴任。1999年には名門シカゴ大学院でMBAを取得。2000年、モトローラを退社。同年アメリカ国籍を取得。2001年に帰国後、ソニー(株)セミコンダクタネットワークカンパニーのストラテジック・マネージメント・クオリティー室長に就任。

英語で生き残れ
私はなぜアメリカ企業で通用したのか

2002年3月12日　　初版発行

著　者　　西崎　和子
発行者　　小林　隼人
発行所　　みくに出版
〒150-0021
東京都渋谷区恵比寿西2-3-14
TEL03(3770)6930　FAX03(3770)6931

ISBN 4-8403-0143-3 C0082